FAO中文出版计划项目丛书

卓越数字农业报告

——粮农组织与国际电联促进欧洲和中亚数字农业良好做法区域竞赛

联合国粮食及农业组织
国际电信联盟　编著

曹海军　肖　纯　译

中国农业出版社
联合国粮食及农业组织
国际电信联盟
2025 · 北京

引用格式要求：

粮农组织和国际电信联盟。2025。《卓越数字农业报告——粮农组织与国际电联促进欧洲和中亚数字农业良好做法区域竞赛》。中国北京，中国农业出版社。https://doi.org/10.4060/cc4764zh

ISSN 978-92-5-137709-3（粮农组织）
ISBN 978-7-109-33001-6（中国农业出版社）

FAO中文出版计划项目丛书

指 导 委 员 会

3G/4G/5G	第三/四/五代移动通信技术	GHG	温室气体
0G	移动无线电话系统	GPS	全球定位系统
3D	三维	GSM	全球移动通信系统
AI	人工智能	ICROFS	国际有机食品系统研究中心
API	应用程序编程接口	ICT	信息和通信技术
B2B	企业对企业	IoT	物联网
B2C	企业对客户	IPM	病虫害综合治理
CAP	共同农业政策	ITU	国际电信联盟（国际电联）
CIS	独立国家联合体（独联体）	ML	机器学习
DSS	决策支持系统	NDVI	归一化植被指数
EEC	欧亚经济委员会	NGO	非政府组织
EO	地球观测	QR	快速反应
FAMEWS	草地贪夜蛾监测和预警系统	R&D	研究与开发
		SDGs	可持续发展目标
FAO	联合国粮食及农业组织（粮农组织）	UAV	无人机
		UI	用户界面
FAW	草地贪夜蛾（秋黏虫）	UX	用户体验
Fintech	金融科技	VRA	变量施用技术
FMS	农场管理软件		

致　谢 | ACKNOWLEDGEMENTS

本报告由米哈伊·乔托（Mihaly Csoto）和拉斯洛·加博尔·帕波西（László Gábor Papócsi）撰写，旨在为联合国粮食及农业组织（粮农组织，FAO）和国际电信联盟（国际电联，ITU）提供支持。报告在编写过程中，得到了粮农组织欧洲及中亚区域办事处苏菲·特里宁（Sophie Treinen）、维克托·拉古托夫（Victor Lagutov）和瓦伦丁·纳吉（Valentin Nagy）的宝贵指导，国际电联欧洲区域代表处萨拉·德尔波特（Sarah Delporte）、雅罗斯瓦夫·庞德（Jaroslaw Ponder）及国际电联独立国家联合体（独联体，CIS）区域代表处也给予了支持。

粮农组织和国际电联向里诺尔·阿赫迈提（Rinor Ahmeti）、达妮埃拉·迪·贾南托尼奥（Daniela Di Gianantonio）、欧根·哈拉巴拉（Eugen Harabara）、塞姆巴尼·马拉佩拉（Thembani Malapela）和法里德·纳赫利（Farid Nakhli）致谢，并感谢本报告的所有供稿人。

说明

报告中的"欧洲和中亚"指的是以下国家：阿尔巴尼亚、安道尔、亚美尼亚、奥地利、阿塞拜疆、白俄罗斯、比利时、波斯尼亚和黑塞哥维那、保加利亚、克罗地亚、塞浦路斯、捷克、丹麦、爱沙尼亚、芬兰、法国、格鲁吉亚、德国、希腊、梵蒂冈、匈牙利、冰岛、爱尔兰、以色列、意大利、哈萨克斯坦、吉尔吉斯斯坦、拉脱维亚、列支敦士登、立陶宛、卢森堡、马耳他、摩尔多瓦、摩纳哥、黑山、荷兰、北马其顿、挪威、波兰、葡萄牙、罗马尼亚、俄罗斯、圣马力诺、塞尔维亚、斯洛伐克、斯洛文尼亚、西班牙、瑞典、瑞士、塔吉克斯坦、土耳其、土库曼斯坦、乌克兰、英国及乌兹别克斯坦。

EXECUTIVE SUMMARY |执行概要|

本报告是"卓越数字农业：粮农组织-国际电联促进欧洲和中亚数字农业良好做法区域竞赛"的成果。该竞赛由粮农组织欧洲及中亚区域办事处联合国际电联欧洲区域代表处和独立国家联合体（独联体，CIS）区域代表处共同组织，于2020年11月启动。竞赛旨在认定、展示和表彰在推动农业数字化转型方面取得的良好做法和创新解决方案。

作为对《粮农组织-国际电联关于欧洲和中亚18国数字农业现状联合评估报告》（2020年）的补充，本竞赛进一步证实了信息和通信技术（ICT）在农业领域的新作用及作为农业发展引擎的潜力。然而，不同国家和地区在应用数字技术方面存在差异。对这18个国家的评估显示，小农户尚未普遍享受到数字化转型所带来的好处。因对信息和通信技术潜力认识不足、数字技能有限以及网络连接问题，导致他们无法充分利用和推广信息和通信技术解决方案，从而在数字农业解决方案和创新方面落后。为充分发挥数字农业转型的潜力，需要在各国之间确认、共享并实施良好做法及最有效的解决方案，同时确保所有利益相关者参与其中。

区域比赛分为五个关键阶段：

提交阶段（2020年11月4日至2021年1月11日）：在欧洲和中亚地区发起征集，邀请数字农业领域的参与者提交优秀实践材料。

提名阶段（2021年7月）：对杰出的实践者进行提名。

报告发布（2021年7月9日）：发布全面总结报告，汇总所有提交的优秀做法。

评选阶段（2021年8月）：确定入围者和最终获胜者。

颁奖典礼（2021年9月23日）：在线举办欧洲和中亚地区卓越数字农业颁奖典礼。

此次竞赛吸引了来自该地区36个国家的近200名参赛者，展示了一个多元且具有活力和前瞻思维的创新型人才生态系统。它为个人和组织提供了一个平台，通过应用信息和通信技术创新方法和解决方案，来应对欧洲和中亚地区的农业挑战。

2021年7月，国际电联和粮农组织发布了盘点报告，该报告以连贯和统一的结构汇编了通过公开呼吁征集到的 171 项符合条件的良好做法和变革性解决方案，并包含一般信息和简短说明。

报告中所展示的多样性凸显了数字工具在农业领域的广泛应用。这些工具已经深入到从农业研究到生产过程，再到食物垃圾管理的各个环节。

此外，越来越多的企业和初创公司开始涉足数字农业领域。与此同时，政府机构、非政府组织（NGO）以及公共组织也在积极推动数字化计划。特别是在欧洲，学术界正从综合研究和创新计划中获得显著益处，这些计划旨在推动该领域的发展。

在 2021 年 7 月 9 日的活动中，公布了入选"卓越数字农业竞赛"决赛的 29 项良好做法名单。这些做法经过严格评审，被认为在影响力、可持续性、可扩展性和创新性方面表现突出。它们综合运用了多种技术，有望推动欧洲和中亚农业部门的数字化转型。

在这些优秀做法中，评委会特别选出了 7 项冠军做法，每项均代表了《粮农组织-国际电联关于欧洲和中亚 18 国数字农业现状联合评估报告》中所涵盖的国家。这些国家包括阿尔巴尼亚、亚美尼亚、阿塞拜疆、白俄罗斯、波斯尼亚和黑塞哥维那、格鲁吉亚、哈萨克斯坦、吉尔吉斯斯坦、摩尔多瓦、黑山、北马其顿、俄罗斯、塞尔维亚、塔吉克斯坦、土耳其、土库曼斯坦、乌克兰和乌兹别克斯坦，它们在数字农业领域的创新实践被视为典范。

最终的冠军和获胜者名单在 2021 年 9 月 23 日的颁奖典礼上揭晓，标志着这场旨在表彰和推广数字农业创新实践的竞赛圆满结束。

报告深入分析了数字农业领域发展的主要趋势、关键技术以及发展过程中所面临的挑战和困难（第二章）。报告详细总结了 29 位决赛入围者的案例，根据其提供的信息，分享了这些参赛者在数字农业领域所面临的主要挑战、成功应用的数字技术、发展历程以及近期的计划和目标（第三章）。

此外，报告还深入探讨了技术基础设施、监管和商业环境、人力资本的可用性等因素，以及新冠疫情为数字农业从业者带来新挑战和新机遇。这些分析为已活跃在数字农业领域或计划进入该领域的开发商和服务商提供了宝贵的信息和见解。

报告的最终章节，即第四章，为决策者提供了关于如何支持和管理数字农业发展的关键见解和指导。不仅总结了推动欧洲和中亚数字农业发展的关键要点，还提供了宝贵的经验教训和建议。这些内容旨在帮助决策者制定有效的策略和政策，以促进该领域的持续创新和发展。

CONTENTS **| 目　录|**

© 佩奈仪器有限公司

第一章

引　言

1

2020年是联合国为实现2030年可持续发展目标（SDGs）而启动"行动十年"的开局之年。在当今数字化程度日益加深的世界中，信息和通信技术作为推动发展的关键力量，对各国实现17个可持续发展目标的能力提升至关重要。

互联、移动应用、人工智能（AI）、数据分析、联网传感器等新兴技术，正推动农业、畜牧业、渔业以及林业等关键领域实现革命性发展，为增强粮食体系的可持续性提供了前所未有的机会。

尽管数字化为农业的未来描绘了一幅互联互通的图景，但欧洲和中亚在农业和农村发展过程中挖掘数字技术的潜力仍不足，特别是在应对气候变化、食物浪费、农村分化、城市化以及小规模农业和营养不良等新挑战时。数字技术的红利并非自动产生的。由于受到基础设施、负担能力、认知度、数字技能和监管等诸多方面的影响，欧洲和中亚的小农户在采用新技术方面仍处于落后状态。

新冠疫情的暴发进一步加剧了这些挑战，其不仅扰乱了供应链，还重塑了消费者的行为，使这些问题迅速成为公众关注的热点。在全球人口与经济持续受到新冠疫情影响的背景下，我们面临着前所未有的紧迫形势。全球范围内对于数字基础设施、服务以及技能的重视达到了新高度，这为达成快速且具有实质性的进步提供了前所未有的机遇。新的社交疏离型经济加速了数字化进程，为农民开辟了新市场，并激发了农业领域的企业家们将创新性的数字解决方案付诸实践。

为充分利用这些机遇，并应对欧洲和中亚地区农业所面临的挑战，所有利益相关者必须齐心协力，积极合作，踊跃参与，大胆开拓创新。

1.1 卓越数字农业：粮农组织与国际电联促进欧洲和中亚数字农业良好做法区域竞赛

粮农组织欧洲及中亚区域办事处与国际电联欧洲和独联体代表处携手合作，致力于以可持续性的方式解决欧洲和中亚地区农业数字化问题。

2020年，两家机构联合发布了一份评估报告，深入分析了信息和通信技术在欧洲和中亚地区农业领域所发挥的新兴作用。报告指出，尽管信息和通信技术是推动农业发展的强劲引擎，并引发了持续的创新浪潮，但同时也强调了加强各方协调的重要性。

作为评估的后续行动，两家机构共同发起了"欧洲和中亚卓越数字农业竞赛"。该赛事旨在认定、展示和表彰那些有助于构建区域韧性粮食体系的创新数字解决方案。

该举措旨在促进实现可持续发展目标，特别是"零饥饿（SDG2）"，确保数字转型的可持续性与包容性，助力缩小数字鸿沟、农村发展差距和性别差异（即所谓的三重鸿沟）。此次大赛也是落实粮农组织和国际电联区域举措与合作的一个重要里程碑。

1.2 呼吁用良好做法和创新解决方案推动欧洲和中亚农业数字化转型

在欧洲和中亚卓越数字农业大赛的第一阶段，即2020年11月，一项征集良好做法的活动正式展开。此项活动旨在精准定位那些有力推动该地区农业转型的成功数字解决方案。活动面向该地区成功应用信息和通信技术的所有参与者，无论是个人还是公共和私营组织机构。

最初，征集活动聚焦以下关键主题：

（1）**监管框架、强化市场准入、金融服务和保险**。探索利用信息和通信技术，在实施监管政策、监测进展情况、促进市场准入等方面，以及在增强农村社区获取金融服务和保险机制的能力方面挖掘成功做法，并寻找行之有效的解决方案。

（2）**能力发展与赋权**。扩大成功做法和行之有效的解决方案在农村社区的覆盖范围，促进农村社区对良好农业做法的获取和认知，激发相关数字素养和技能的养成，创造新商机等。

（3）**农业创新体系与可持续农业**。聚焦于农场层面运用各种数字技术时所产生的成功做法和行之有效的解决方案，包括农场管理信息系统、精准农业、农场物联网、传感器网络、电子扩展等方面。

（4）**灾害风险管理和预警系统**。大力推广那些能够向社区和政府提供实时信息的成功做法和行之有效的解决方案，以降低灾害风险，特别是与气候变化相关的风险。

（5）**食品安全与溯源、食物损失与浪费**。鼓励与食品安全和溯源相关的成功做法及行之有效的解决方案，旨在减少供应链中不同环节参与者所导致的食物数量损耗或质量下降，或提供可靠的数据，以符合溯源标准和满足食品营养方面的要求。

主题领域3"农业创新系统和可持续农业"的申请者成功描绘了欧洲和中亚的强劲发展态势。基于这些趋势，将该领域征集到的材料分为以下三个类别：

- 农场自动化、机器人、无人机（UAV）；
- 农业创新和可持续农业的具体解决方案；
- 农场管理系统的互联互通。

因此，新类别的划分如下：

类别 1：监管框架、强化市场准入、金融服务和保险。详细列举了借助信息和通信技术来落实监管政策、监测进展情况、促进市场准入以及提升农村社区获取金融服务和保险机制的能力的相关做法。

类别 2：能力发展与赋权。相关方提出了一系列旨在扩大农村社区覆盖范围的举措，这些举措有助于改善农村社区对良好农业做法的获取途径和认知程度，能够有效激发相关数字素养和技能的培养，并且有利于创造新的商机，形成了较为完整的举措和解决方案。

类别 3、4 和 5 涉及"农业创新系统和可持续农业"这一主题，包括了在农场层面成功运用各种数字技术的做法和经验证有效的解决方案，例如农场管理信息系统、精准农业、农场物联网、传感器网络和电子扩展等方面的实践成果。

类别 3：聚焦于农场自动化、机器人和无人机应用方面的成功做法。

类别 4：展示那些促进农业创新系统和可持续农业发展的具体解决方案。

类别 5：报告那些旨在加强农场管理系统互联互通的应用系统。

类别 6：灾害风险管理和预警系统。列举了旨在向社区和政府提供的可操作的（近乎）实时信息，以降低灾害风险，尤其是与潜在气候变化风险相关的解决方案。

类别 7：食物损失和浪费、食品安全和溯源。旨在减少供应链中不同环节参与者造成的食物数量损耗或质量下降，或提供可靠的数据，以符合溯源标准和满足食品营养要求。

通知于 2020 年 11 月 4 日发出，征集活动截止于 2021 年 1 月 11 日。该地区 36 个国家的 192 名申请者填写了线上调查问卷，要求他们对一系列与自身解决方案、开发或采用的技术以及交付模式等相关的问题作出回答，强调创新和可持续性要素，引出创新者所面临的挑战并确定其未来目标。

1.2.1 要求

根据参赛的最低要求对征集到的申请材料进行初审，即良好做法或解决方案必须具备以下条件：

- 近三年内已付诸实施或成功实施，因此，仅呈现想法而无实际实施内容的申请将被取消参赛资格；
- 起源于欧洲和中亚地区或在该地区实施；
- 侧重于在农业部门（包括畜牧业、渔业和林业以及整个食品行业），在城市或农村地区应用信息和通信技术的创新方法；
- 基于至少一种数字技术或多种数字技术的组合［移动技术、卫星技术、云计算、机器学习（ML）、传感器网络、物联网等］；
- 农业领域的利益相关者可获取且有能力负担使用成本，以便该做法在整个地区被复制推广与落地施行。

此外，还要求参赛者必须年满18周岁且与国际电联不存在隶属关系，必须遵守其提交的应用程序与技术所涉及的知识产权相关规定。

1.2.2　见解

在收到的192份参赛作品中，有171份解决方案符合参赛标准（图1-1）。这171份解决方案来自36个欧洲和中亚国家，并且在该地区的53个国家以及全球范围内的另外12个国家得以实施。

在合格的做法和解决方案中，大部分（占比53.8%）将数字技术应用于创新农业系统，以此推动可持续农业的实现，另有10.53%的合格做法和解决方

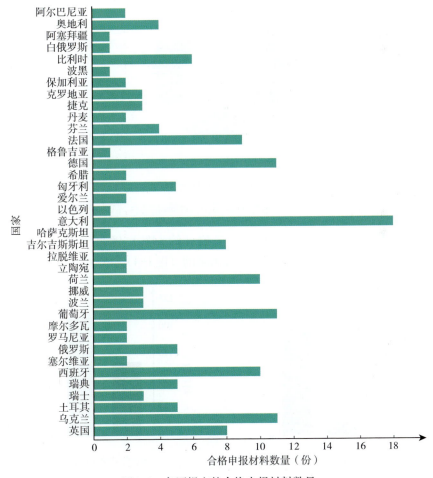

图1-1　各国提交的合格申报材料数量

资料来源：作者的陈述。

案着重应对粮食损失和浪费问题，并且能够提供符合溯源标准和食品营养要求的可靠数据。

在征集到的材料中，13%旨在促进数字素养与技能的提升，并改善农业知识的获取（第2类）。另有13%旨在将信息和通信技术应用于监管政策的实施和监测过程中，或促进市场准入以及提供金融服务和保险机制。而只有9%专注于向社区和政府提供可操作的（近乎）实时信息，以减少灾害风险。在分成三个部分后，农业创新系统和可持续农业主题仍然是最受关注的（图1-2）。

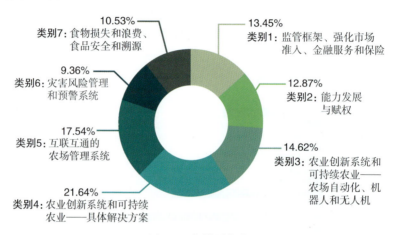

图1-2　各类别占比
资料来源：作者的陈述。

在征集到的171份材料中，大多数（约84%）侧重于改善小农生计（图1-3），61%是与其他实体合作开发出来的（图1-4）。

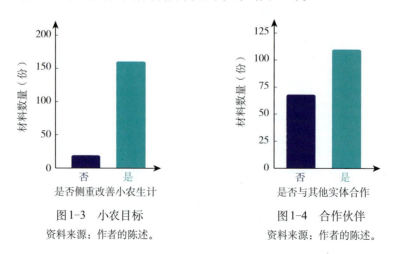

图1-3　小农目标
资料来源：作者的陈述。

图1-4　合作伙伴
资料来源：作者的陈述。

1.2.3　申报、提名和奖项的评选

由来自粮农组织和国际电联的数字农业专家组成的评选委员会使用1～4级评分系统，根据表1-1中的标准对符合条件的提交材料进行了评选。

表1-1　评选标准描述

标准	描述
影响和结果	是否已显现出成果或积极影响？
可持续性	这种做法在多大程度上具有（社会、经济和环境）可持续性？
可复制推广性和可升级性	在适用性及技术可承受性方面，这种做法在多大程度上可被复制推广？
新颖性	其他地区是否有类似做法？
技术	所用技术的复杂性和组合是什么？

在评选过程中，由粮农组织和国际电联的代表和对口专家组成的评委会，对五项标准的多个方面进行了评审。具体包括实际影响（例如：可见性和可用性）、不同的可持续发展方法（例如：可能的环境和社会、社区影响）、商业模式、独特先进技术的运用（例如：运用数字技术的数量以及其提供的服务或产品的联通程度）以及为实现大范围或更广泛服务供应所需付出的努力等方面。针对小农户和家庭农民的解决方案受到了特别关注。

评选的最终结果为共有29项做法被选中参加决赛角逐，其中有21项杰出做法（每个类别3项）和7项冠军做法（每个类别1项）均出自国际电联与粮农组织针对欧洲和中亚18个国家数字农业现状所出具的评估报告。29项做法都在报告中有相应体现。在2021年9月23日举办的欧洲和中亚卓越数字农业竞赛颁奖典礼上，宣布了获胜者名单，29名决赛入围者展示了他们的创新成果和杰出成就。

第二章

欧洲和中亚数字农业创新动力状况分析

　　根据收到的申请，结合该地区农业数字化工作当前呈现出的趋势和特征，我们得出一些结论。本章总结了数字服务和产品的主要发展趋势、所使用的最重要的技术以及数字农业应用发展中出现的困难和挑战。

　　显然，越来越多的数字工具、产品和服务聚焦于农民，更宽泛地讲，是聚焦于整个农业部门。征集类别多样，表明数字工具的范围正在扩大，从研究到生产和食物浪费。随着信息和通信技术以及创新在农业领域作用的提升，越来越多的企业和初创公司进入该领域，政府、非政府组织和公共管理部门也启动了数字化项目。学术界（主要在欧洲）受益于农业数字化发展的综合研究和创新计划。大量基于信息和通信技术的工具和服务已进入市场，或目前正处于验证阶段，并计划在不久后进入市场，这也表明数字化将日益渗透到农业的各个领域。

2.1　数字服务、产品和技术的主要趋势

　　此次分析的第一部分着眼于数字服务、产品和流行技术的趋势，并重点介绍与征集的七个类别相关的、罕见且非常有前途的农业应用。对于每个类别，都简要回顾了可以从征集材料中总结出的主要趋势，以及最常用的数字技术。

2.1.1　监管框架、强化市场准入、金融服务和保险

　　该类别收集了利用信息和通信技术的实践操作，一是落实监管政策和监测进程的申报材料；二是促进市场准入；三是增加农村社区获得金融服务和保险机制的机会。

　　（1）与监管框架相关的良好做法。在农业政策协调与农民补贴相关领域，一系列应用程序正致力于减少农民与政府机构的沟通障碍。各国政府正致力于开发各种工具，以优化农业政策的管理和调控，并简化与农民的沟通流程。这类应用程序主要具备两大核心功能：一是内部流程的优化，通过先进的空间数据管理系统，应用程序改善了公共行政的后台流程，不仅提高了农业赠款和补贴的管控效率，也优化了统计数据的收集过程；二是农民互动数字化，为农民提供了用户友好的数字界面，使他们能够更便捷地与政府机构互动，并轻松获取关于赠款和政府计划的详细信息。恩马农业便是这些创新应用中的佼佼者，成功入围决赛。

　　（2）与强化市场准入相关的应用示例。它们通过特定的界面、服务和平

台扩大市场机会，以缩短供应链，使生产者直接对接消费者。在这个领域，各种数字平台利用网络潜力，使生产者和消费者之间的联系更直接，同时也降低了交易成本。值得注意的是，除了连接不同市场参与者的平台外，还有使用更传统的数字服务的例子（例如：社交媒体营销、虚拟游览的互动网站），这表明在特定环境或情境中，数字解决方案可多种多样。

（3）**与金融服务和保险主题相关的良好做法**。这些良好做法所包含的平台和工具，可使农民通过数字方式更加轻松地获取金融服务。一半的申请者开发了应用程序和平台，将农民与买家联系起来，协调供需并提供营销和销售机会。在过去的一两年里，许多新业务已启动（乌克兰在这里值得关注，因为其在申请者中拥有众多公司代表），以改善农民获取金融服务的状况。

第1类支持技术：金融科技（fintech）、数字平台、移动设备和增强现实。

金融科技，指的是能够促使金融服务实现自动化或得到改进的新型（数字）技术。金融科技可帮助公司、企业主和消费者利用计算机、智能手机和算法来管理其财务流程、运营活动和日常生活。作为近年来备受瞩目的技术之一，金融科技在农业领域的崛起变得越来越明显。例如，存在将金融科技与增强现实技术相结合以提供更好客户体验的情形。其中一种做法便是增强现实语音保单应用程序（该程序被整合进开发者的保险移动应用程序内）。该虚拟助理通过音视频辅助系统，以语音形式解释保险政策的详细信息。

数字平台是生产者和消费者交换信息、商品和服务的数字场所。因有社区和大量用户的存在，平台才能显示出网络效应。如果没有强大的社区与之互动，数字平台几乎没有什么内在价值。

一个显著的趋势是，服务提供商正致力于将他们的应用程序扩展到移动设备，确保服务在移动平台上的可用性能够与个人电脑相媲美。

增强现实是借助数字技术所提供的附加信息（包括音视频或其他感官信息）对物理世界进行延伸。在增强现实情境下，现实世界与数字世界能够在三维（3D）环境中实时连接。

2.1.2 能力发展和赋权

该类别关注的重点做法具有以下特征：能够拓展农村社区的覆盖范围，增加获得良好农业做法知识的机会，激发相关的数字素养和技能，创造新商机。

该领域的良好做法着重强调构建农民可轻松访问的数字知识库（使用聊天机器人等创新渠道）、打造促进种植者之间知识交流的平台、促进推出各种新型学习方法（包括游戏化商业模拟）或开展相关研究实践，还有至关重要的一点，即提升咨询工作的成效。不同的数字技术正催生出新型知识转移和管理模式，无论是为农民提供分享经验的社交平台，还是在线专题知识库，在征集到的申请材料中都有相关示例。农业研究和推广系统可在许多领域发挥信息和通信技术潜力。除支持研究和提高研究效率的系统外，开发有助于推广研究成果的服务（特别是顾问服务）也被提上议程。有一些开创性服务的例子，例如通过模拟实现游戏化知识获取。

第2类支持技术：数据和知识库、聊天机器人、数字平台和游戏化。

这一类别的研发成果展现出数据库逐渐演变为知识库的过程。数据库，即事实数据的集合，而知识库则用于存储与问题答案或解决方案有关的信息。知识库允许快速检索和重复使用信息。

聊天机器人是一种应用程序，使用户能够使用文本或文本转语音功能进行在线对话。聊天机器人在对话系统中有多种用途，包括客户服务、路由请求和传输信息。聊天机器人应用程序使用不同技术，包括人工智能、自然语言处理以及通用关键字搜索。

游戏化是增强系统、服务、组织或活动的过程，以创造与游戏感受类似的体验，从而激励和吸引用户。一般来说，通过使用游戏元素和游戏原则（例如动态效果、内在机制），改善非游戏环境。学习和培训领域也是游戏化的主要流行领域之一。

2.1.3　农业创新系统与可持续农业——农场自动化、机器人、无人机

这些做法在农场层面使用了各种数字技术。本类别包含农业机器人（多为非化学除草机器人，尤其适用于果园和葡萄栽培）、无人机（生物植保、侦察）和其他农场自动化技术（各类畜牧工具、设施内种植控制技术、自主灌溉系统等）。

第3类支持技术：机器人、自动化、无人机、人工智能、大数据和移动设备（参见2.1.1）。

数字农业较明显的趋势之一是不同类型**机器人**的出现（和商用），其中大多数用于采用不同方式（包括机械方式、微波方式或提高喷洒精度和减少用量）进行杂草防除。

制造不同概念的机器人，从小型模块化机器人到适用于特定环境（例如葡萄或有机蔬菜种植环境）的较大且有针对性的机器人。这些机器人通常是电动的，采用电池供电，且在许多情况下还能利用太阳能。报告中的示例包括由西海岸应用技术大学开发的除草机器人智然（Naiture）和电动葡萄园机器人巴库斯（Bakus）。

除机器人开发外，自动化还在许多领域取得进展，特别是自动化灌溉和

温室系统的某一部分（例如照明方面），或实现完全**自动化**（包括立体种植技术）。这些自动化系统主要使用不同的创新传感器设备和数据处理技术来构建新系统，也有一些工具可以使传统设备更加高效和自动化［请参阅本报告中的布里奥农业（BrioAgro）］。自动化的另一个领域涉及畜牧业，包括24小时牲畜监控或自动清洁等做法。

无人机是无人驾驶飞行器，即无须飞行员操控的飞机。在农业领域，无人机可用于优化农业作业流程、提高农作物产量并监测农作物生长情况。无人机配备传感器和数字成像装置，可为农民提供更丰富的田地影像。近年来，无人机已成为热门话题。随着热度的消退，首批基于这项技术构建、使农民和顾问更容易使用无人机的具体服务已出现（例如用于侦察）。应用案例涉及生态学领域、有针对性的作物保护以及各种农药和生物制剂的精准施用等方面。大多数自动化系统会收集大量数据，并经常使用人工智能领域的技术（主要是机器学习）来分析数据，识别问题并进行干预（针对植物、疾病、害虫、异常行为模式等方面），而自动设备则会将这些数据应用于自身的运作和导航等功能中。

一般来说，**人工智能**是将计算机科学应用于数据集以解决问题。机器学习领域是人工智能和计算机科学的一个分支，它使用算法和数据来模仿人类的学习方式。机器学习使用统计方法来训练算法进行分类或预测，以便在数据挖掘项目中得到关键见解。人工智能可用于识别杂草（特别是区分杂草和农作物）或行为异常的动物，还可支持机器人的自主导航。人工智能基于数据处理，在某些情况下使用大数据。大数据是指常用软件工具无法在合理时间内捕获、整理、管理和处理的数据集。

2.1.4 农业创新系统与可持续农业——具体解决方案

这些做法在农场层面应用了各种数字技术。第4类适用于特定解决方案，从实时土壤扫描仪到交互操作工具，使农民能够更加轻松地连接不同的数字设备，包括从管理系统到特定领域（例如养蜂人和养牛户所涉及的领域）的监控系统。

在许多特定领域，数字工具融入日常农业实践是显而易见的。养蜂业是许多系统得到广泛应用的领域之一［如蜂业书（Apiary Book）、三蜂（3Bee）、爱蜂（i-bee）等蜂业数字技术应用］，管理系统与蜂箱监测传感器相结合，构成一个功能完备的集成系统，通常还会扩展销售和监控等其他关键功能。农业信息学的一个特点是存在许多独立的、不兼容的系统。为解决这个问题，当下正在研发相关技术，使不同的系统能够协同运行，例如用户界面（UI）。然而，并非所有事物都是完全连接或全面的。一些实践针对特定目标（例如带有不同工具和传感器的土壤测量系统，可持续监测）。

第4类支持技术：物联网、传感器、远程无线技术、数字平台（参见2.1.1）和移动设备（参见2.1.1）。

物联网是指由嵌入式传感器、软件和其他技术的物理对象所构成的网络。国际电联将物联网定义为"信息社会的全球基础设施，通过现有和不断发展的互操信息和通信技术将（物理和虚拟）事物相互连接从而实现高级服务"。

传感器是能够监测环境（如天气、湿度）情况或发生的变化并将信息发送至计算机系统的设备，是物联网的关键组件。数据由与特定农业部门相关的不同传感器系统进行收集，并由人工智能技术进行处理。除了一些利益相关方使用现成的传感器外，通常也有不少服务和解决方案提供商为整个解决方案开发传感器。这些系统的一个重要组成部分是连接所有设备的无线技术，并且应用程序可以显示各种各样的标准［窄带物联网、长距离、赛狐（SigFox）等］。

远程无线技术是物联网系统中的一个重要元素，用于实现不同设备之间的通信，创建低功耗广域网。远程无线技术允许设备以较低的能耗进行长距离通信。申请者应用的例子包括远程广域网、SigFox和窄带物联网。通过使用最先进的技术，如增强现实技术，可扩展特定的模块化系统（参见2.1.1）。

2.1.5　农业创新系统与可持续农业——农场管理互联系统

这些做法在农场层面利用了各种数字技术。第5类几乎完全由不同的农场管理互联系统组成，主要融合了遥感技术、决策支持系统（DSS）、不同类型的传感器、云计算、农场管理软件（FMS）工具，很多时候还涉及某种形式的人工智能。

许多现有的农场管理系统正在朝着这个方向发展，并纳入越来越多的物联网技术，充分利用开放的空间数据。许多初创企业正在提供类似的农场互联管理系统（主要用于耕种业），并从数据中衍生出不同的附加服务（例如计算管理区域）。农场互联管理系统通常可以通过许多不同类型的传感器进行扩展，这些传感器可以是定制的（由服务提供商制造），也可以是现成的。

许多系统还提供产量监控和预测功能。这些数据使从业者能够提高产量、进行高效规划，并优化物流、包装、仓储和销售等运营环节。

第5类支持技术：数字平台（参见2.1.1）、人工智能（参见2.1.3）、移动设备（参见2.1.1）、遥感图像、云计算、算法和遥感器。

该类别使用的主要技术是遥感（主要是卫星）成像（有各种卫星图像和空间数据供开发人员使用，如哥白尼"哨兵"数据和陆地卫星数据），并运用不同的算法（即计算机可执行的指令序列，指定如何执行计算、如何进行数据处理和完成其他计算任务。如今，可通过人工智能和机器学习系统组件进行调优)。云计算是指以按需服务的形式提供计算资源，如数据存储和计算算力。遥感（即不与物体或区域进行物理接触而收集其相关信息）图像可用于识别营养缺乏、疾病、缺水、虫害和植物种群等情况。根据遥感数据，可进行肥料和农药的科学施用。

2.1.6　灾害风险管理和预警系统

这些做法的重点是向社区和政府提供可操作的（近乎）实时信息，以减少灾害风险，包括潜在的与气候变化相关的风险。

第6类中的大多数实践将环境和气象信息相结合，促进农民之间就病虫害和其他风险因素进行信息交流，以便更精准地应对与这些因素相关的挑战。随着越来越多准确且超本地的数据能够从不同来源（接近）实时获取，这为不同类型的预测、早期预警系统和更有效的风险管控方法提供了可行性。良好做法主要为病害虫和植物综合管理的在线工具提供支持［i 觅拓思（iMETOS）和威普斯（VIPS）是本报告中的示例］。

第6类支持技术：物联网（参见2.1.4）、传感器（参见2.1.4）、人工智能（参见2.1.2）、算法（参见2.1.5）、数字平台（参见2.1.1）、数据库（参见2.1.2）。

此类做法大多基于某种物联网技术（主要使用某种气象传感器），使用不同的算法和模型将其转化为预报并显示在网络平台上（也可在移动设备上使用）。

2.1.7　食物损失和浪费、食品安全和溯源

这些做法可提供符合溯源标准和食品营养要求的可靠数据。第7类申请者解决食物浪费问题（主要提供测量或调配剩余食物的设备），帮助优化食物链和物流（如准确的产量预测），使农产品和食品的检测变得更加便捷，并可对不同产品和原料进行详细的或近乎实时的追踪。

食物浪费和可追溯领域也出现了新产品和新服务，虽然其中许多产品和服务尚未证明其可行性，但很明显，数字化也在该领域产生了重大影响。溯源的子领域之一是区块链技术的整合或独立应用，以实现对供应链的数字化管理。为避免食物浪费，社区解决方案可提供相关帮助。现有的一些常见例子是将消费者与食物减损机会联系起来。人工智能，特别是模式识别和分析，正在许多领域兴起，无论是分析食物样本还是评估食物浪费量。

第7类支持技术：区块链、数字平台（参见2.1.1）、移动设备（参见2.1.1）、人工智能（参见2.1.2）和遥感器（参见2.1.4）。

分布式账本技术是一种去中心化的记录系统数据库，具备处理、验证和授权交易的机制，然后将其记录在不可更改的账本上。**区块链**是分布式账本技

术的一种具体应用。一些溯源系统已采用了区块链技术。它也被称为"价值互联网"，换句话说，这是一种从一个实体到另一个实体存储和传输价值（从货币、股票、合同甚至到选票等）的安全方式。

一些应用程序正在**数字平台**上进行构建，主要用于防止食物浪费，人工智能也正在兴起（主要是图像处理方面），既用于价值链管理（作物估算），也用于食物浪费和霉菌毒素的评估。

2.2　与数字农业实践发展相关的挑战和机遇

为发挥数字技术的潜力，全面研究数字农业从业者所面临的挑战和机遇显得尤为重要。这样的研究能够为所有已活跃在该领域或计划进入该领域的软件开发商和服务提供商提供有用信息，同时也能为政策制定者提供可能的干预切入点、相关支持及监管领域的指导。申请者们提到的最典型的挑战可分为以下四个主题：
- 技术基础设施和数字普及
- 政策和监管环境
- 营商环境
- 人力资本

此外，我们还可以分出第五类挑战与机遇，即新冠疫情对农业粮食体系产生的破坏性影响及带来的挑战和机遇。
- 新冠疫情

以上内容是基于申请表相关问答得出的。

2.2.1　技术基础设施和数字普及——与构建和运营数字工具、产品和服务相关的挑战

- **提供网络连接**。过去20年，无论是固定宽带还是无线网络，特别是在偏远地区和农村地区，互联网接入和城乡基础设施的均衡发展一直是各方面的重点工作。这个问题至今仍是一大难题。实地使用的大多数应用程序的一个重要特征是能够脱网运行，并能在之后同步数据，这并非巧合。物联网在农业领域的关键应用之一是利用数据采集传感器技术，这些传感器能够无线传输并处理测量数据，确保数据传输的广泛覆盖和被高效处理。在不久的将来，下一代5G无线网络（其主要应用之一是实现物联网设备的联网）的推出，可能成为农村地区和数字农业应用的重要里程碑。由于仅凭这些网络可能无法解决农村宽带覆盖不足的问题，因此在这些地区电信网络的发展仍将被提上议程。

- **使数字设备适应恶劣条件**。许多硬件产品无法承受农村的恶劣环境。在农业生产中,使用不同的工具、传感器和其他数字设备时面临的主要挑战之一是物理应力,如磨损加剧,以及遭受灰尘、高温和恶劣天气的影响。在许多情况下,将现成的设备整合到其服务中的开发人员需选择更强大的工具。自行研发传感器的服务提供商需投入额外资源,并开发新版本设备和原型机。

- **解决能源相关问题**。与前两个挑战(提供有用连接并使数字设备适应恶劣条件)密切相关的是为不同设备提供电源。在许多情况下,在偏远地区和农村更换电池不太可行(如追踪散养牲畜的传感器),因此优化设备的能耗,多次调整太阳能电池板的尺寸来为电池充电,以保持其高效运行,也是开发方面的关键挑战和任务。

- **开发农民用户友好型界面**。开发应用程序和工具时,创建清晰、直观的用户界面至关重要,这既是技术挑战,也涉及人机交互的考量。在开发过程中,让最终用户和农民参与进来,或通过用户界面验证来确保其易用性和有效性,也是至关重要的。许多开发者认识到,这种参与是确保服务被广泛接受并正确使用的关键。因此,研发过程中需要解决技术难题,以满足用户的实际需求和期望。

- **在服务中整合不同技术**。当今有很多新数字技术可用,且其数量还在不断增长。此外,现有的解决方案也在不断更新和升级。由于一些做法常常具有技术组合和技术复杂性的特征,因此将不同的解决方案整合到一项服务或一个产品中通常比较困难。在某些情况下,技术的快速发展也可能带来挑战,或可能需要替代或反思,以使其与时俱进并具可操作性。

- **处理不完整或不同格式的数据**。数据是数字农业的基石之一。提供的数据不完整或其格式不易处理和重复使用,会给开发人员带来困难。现有的一些举措旨在提高农业领域的互操作性以解决这一难题。

其中之一是联合国粮农组织的农业信息管理标准门户网站(AIMS)。它收集(并提供获取途径)有关标准、技术和最佳做法等信息,并提供对这些信息的访问。它还是一个将全球信息管理工作者联系起来的论坛,供他们讨论开放获取和开放数据等相关事宜。

2.2.2 政策和监管环境——影响政策、法规和农业创新生态系统运作的挑战

- **缺乏对农业初创企业的资助计划**。许多数字农业产品和服务的供应商指出,为了推动该领域的创新,从业者需要在资金和培训上获得更多支持,因为这些创新对社会和环境有显著的积极影响。一些创业者反映,企业初创阶

段的运营对创始人而言是一项沉重的负担，尤其是在创业初期，为了推出有可能在市场上领先或具有开创性的服务，往往要做出很多牺牲。管理一家发展中的公司往往需要采取与创始人最初设想不同的方式。创业之路充满挑战，不仅起步艰难，而且要在产品或服务中获得切实成果，往往需要投入大量的时间和精力。在这个过程中，开发者的决心可能会面临严峻的考验，甚至可能遇到看似无解的困境。此外，设计合适的支持计划，确定其结构和运作机制，对于决策者来说同样是一项挑战。尽管如此，为了确保最佳的发展，这些挑战须得到妥善应对。

- **对农业创新生态系统的支持力度不够。**在某些情况下，重要的不是直接支持，而是要创造一个适当的创新环境。在一个高效运转的创新环境中，不同参与者的合作、不同形式协作的存在和可能性，以及不同利益相关者所代表的知识和信息的流动，都为打造高质量服务创造了良好环境。这就要求研发者和创新政策制定者采取一种整体性的策略。

- **缺乏与互操作性相关的法规或全面的开放数据政策，对不同标准的采用率较低。**互操作性问题在技术挑战部分经常被提及，主要是因为缺少促进不同系统协同工作的统一标准。公共部门或政府在数据收集方面扮演着关键角色，它们是数据的主要来源之一，尤其是在农业领域。这些数据包括地理信息、气象数据、统计数据以及与农业政策实施相关的信息。如果这些公共数据能够开放访问并被重复使用，将带来巨大的附加价值。正如欧盟在2022年指出，欧盟开放数据市场是整个欧盟数据经济的关键组成部分。必须制定、实施并执行有关公共数据的政策、规则和法规。

- **可用公共数据来源的质量。**确保数据以用户友好的格式发布，并保持其完整性和可用性，这点非常关键。一些申请者指出，在处理现有数据时，他们面临了数据质量和完整性方面的挑战。

- **政策和标准不协调所造成的准入壁垒。**对于开发者和服务提供商而言，面对的一个主要挑战是可扩展性，特别是在服务扩展方面。当不同国家在同一领域采用不同的监管标准时，由于需要适应各自的法规标准，这可能导致开发成本成倍增加。

2.2.3　商业环境——扩大数字农业产品和服务的挑战

- **满足农民和服务提供商需求并可证明投资回报的可行商业模式。**对于许多申请者来说，在分散或狭小的市场中吸引足够的用户是一个挑战。在农业领域，农民和农场的多样性给服务提供商带来重大挑战，因为没有一种可适用于所有情况的一揽子解决方案和商业模式。此次征集活动收到的提交材料呈现出多种方法和广泛的商业模式，以便向包括小农户在内的尽可能广泛的用户提供服务。然而，在许多情况下，开发人员面临的最大挑战之一是找到有效的方案，或找到联系方式和分销渠道，从而吸引用户。

- **农业初创企业的融资机会有限**。企业，特别是初创企业的资源和资金有限问题影响了营利能力，进而影响了稳定性。
- **数据所有权、隐私和数据货币化**。与数据相关的问题之一是农民数据的所有权和商业化。有几种可能的方式让农民实现数据货币化（例如共享研发数据、参与试验、出售汇总数据等），但这些方式引发了涉及数据安全、隐私和所有权的一系列问题，这些问题需要在一开始就明确解决。数据商业管理需要明确的框架和规则，这在建立信任方面发挥着重要作用。
- **跨界扩展性**。在监管和政策相关内容中已经部分提及，服务提供商将产品和服务推向区域或全球市场是一个巨大的挑战。这不仅因为需要应对不同国家的法规和语言障碍，还涉及组织机构的建立、物流管理以及文化差异的适应。

2.2.4　人力资本——与农民的数字素养和技能、心态相关的挑战

- **农村数字鸿沟广泛存在——农民缺乏数字技能和设备**。农民在数字素养和技能上的不足，以及数字基础设施和工具的缺乏，是数字农业工具应用面临的两大主要障碍。然而，随着移动设备的普及，尤其是智能手机的广泛使用，后者的影响得到了一定程度的缓解。互联网和应用程序在农业领域的应用潜力依然巨大，有待进一步挖掘和优化。
- **为农民提供明确的投资回报证明**。新技术的投资回报往往是农民所关注的问题，他们在决定采纳工具或服务并支付费用之前，期望看到这些工具或服务的实际效用。农民会仔细评估产品或服务的潜在优势，并考虑其是否能够适应他们现有的农业实践。
- **对新兴技术的认知度较低**。在当今技术日新月异的时代，农民不会持续跟进新技术和新设备，这使新技术在农业领域的推广和应用面临挑战。主要原因在于目标用户对特定技术的特点和优势认识不足。这种对技术的不熟悉往往与保守的态度或对创新的接受度有限有关，导致新技术的采纳速度相对缓慢。此外，农民对新技术的信任不足，例如对数据共享的担忧，也是推广过程中需要克服的难题。潜在用户会根据新工具或服务的相对优势来进行评估。工具的易用性和可验证性对于推广过程极为关键。总体而言，数字农业工具推广的主要障碍在于其操作复杂性，以及难以直观衡量和验证其实际效益。
- **服务提供商和公司对培训活动的旺盛需求**。服务提供商需要在用户教育方

面投入力量，并持续组织演示、培训和教育活动，以支持其服务的使用并挖掘服务的潜力。

- **产品本地化**。除数字技能外，语言也是确保获得服务的重要因素，在许多情况下农民不会说外语，因此产品本地化至关重要。
- **服务提供商缺乏人力资本**。开发数字农业产品和服务需要广泛且多样化的技能。服务提供商通常很难找到合适的专家来完成某些任务。

2.2.5　新冠疫情对农业粮食体系的破坏性影响所带来的挑战和机遇

新冠疫情对欧洲和中亚的农业粮食体系造成了破坏性影响，同时也对生产能力和供应链产生负面影响，导致各种数字产品和组件短缺，并使消费者需求发生了改变。

- **增加了与用户的距离**。疫情导致的社交距离和封锁措施，对数字农业工具的推广造成了重大影响。面对面培训和现场演示作为推广过程中的关键环节，因疫情而变得难以实施。这不仅限制了与农民的直接交流，也减少了获取对原型和新功能反馈的机会。
- **商业模式转变**。对于创新者来说，新冠疫情起到了催化剂的作用，因为它迫使他们去寻找替代的商业模式。一些从业者开始组织免费网络研讨会，并实施免费业务模式，即他们的产品的某些功能在一定期限内是免费的。其他从业者则探索直接面向消费者的模式，在企业对企业（B2B）模式之外开辟了新的创收渠道。
- **消费者需求的变化**。尤其在"食物损失和浪费"类别中，新冠疫情给食物消费带来了积极的变化，迫使消费者更多地在线购物，并更加关注自己的购买习惯。

正如大量申请者反映的那样，挑战并没有阻碍从业者开发出越来越多的数字产品和服务，以及解决农业粮食体系的各种问题。卓越数字农业竞赛展现了一个由创新者构成的、充满活力且具有前瞻性的数字农业生态系统。

冠军

1

荣誉提名

3

第三章

获胜者、荣誉提名和冠军

在29个入围做法中，我们选出了7名获胜者和7名冠军。以下是每个类别的列表。

本报告介绍了29个做法，在类别1"监管框架、强化市场准入、金融服务和保险"中，有2种做法得分相同，因此并列第3名。

类别1：监管框架、强化市场准入、金融服务和保险

获胜者：本地食品节点［本地食品节点勒斯通阿合作社（Röstånga ek Förening），瑞典］

荣誉提名：恩马农业（NMA agro）移动应用程序（立陶宛共和国农业部下属的国家支付机构）

荣誉提名：土壤英雄公平链平台（Soil Heroes Fairchain）（荷兰土壤英雄运营有限责任公司）

冠军：塔西姆（TARSIM）——农业保险联合体（塔西姆，土耳其）

冠军：农业分析（AgriAnalytica）——为农民提供融资、支持、投入和知识的一站式综合服务平台［农业分析（AgriAnalytica）公司，乌克兰］

类别2：能力发展和赋权

获胜者：有机农场知识平台——促进种植有机作物的农民和顾问之间知识交流的在线平台（国际有机农业运动联盟欧盟区域组织，比利时）

荣誉提名：基因专家（Genpro）［农业基因专家有限公司（Genpro Ruralbit Lda），葡萄牙］

荣誉提名：电子农业地图［亚洲农业信息公司（Agro Inform Asia），吉尔吉斯斯坦］

冠军：农场远见［农场远见公司（FarmForesight），乌克兰］

类别3：农业创新系统与可持续农业——农场自动化、机器人、无人机

获胜者：有机农业中的高精度杂草控制（德国西海岸应用技术大学）

荣誉提名：充分利用现有设施的智能灌溉系统［布里奥农业（BrioAgro）科技有限公司，西班牙］

荣誉提名：巴库斯（Bakus）全电动自主葡萄园机器人［维蒂机器人（VitiBot）公司，法国］

冠军：通过无人机投放天敌昆虫对植物进行生物防护［飞行与观察农业有限责任公司（Fly and See Agro LLC），俄罗斯］

类别4：农业创新系统与可持续农业——具体解决方案

获胜者：睿保乐奶牛管理系统（Nedap CowControl）[荷兰睿保乐畜牧管理公司（Nedap Livestock Management，Netherlands）]

荣誉提名：蜂业书（罗马尼亚蜂业书有限责任公司）

荣誉提名：蜂巢科技（意大利三蜂有限责任公司）

冠军：爱蜂（i-bee）[乌克兰益创新（IT Innovations）公司]

类别5：农业创新系统与可持续农业——农场管理互联系统

获胜者：爱格瑞维农场管理软件（Agrivi Farm Management Software）（克罗地亚爱格瑞维有限责任公司）

荣誉提名：农库（Agricolus）平台（意大利农库有限责任公司）

荣誉提名：x农场（×Farm）平台（意大利x农场公司）

冠军：沃土（OneSoil）——精准农业应用程序（白俄罗斯、瑞士沃土公司）

类别6：灾害风险管理和预警系统

获胜者：利用人工智能进行病虫害预测[奥地利佩索仪器有限责任公司（Pessl Instruments GmbH）]

荣誉提名：威普斯（VIPS）（挪威生物经济研究所）

荣誉提名：森禾智感（Sencrop）——精准农业天气解决方案（法国森禾智感公司）

冠军：阿格罗网络（agroNET）——可持续农业数字平台[塞尔维亚多瑙河网络（DunavNET）公司]

类别7：食物损失和浪费、食品安全和溯源

获胜者：奥利欧（OLIO）（英国奥利欧交流有限公司）

荣誉提名：由区块链提供支持的实时数字化食品供应链审核[法国可连食品（Connecting Food）公司]

荣誉提名：农民专家平台（土耳其农民专家平台）

冠军：比奥森霉菌检测（BIOsens Myco）（乌克兰比奥森公司）

类别 1：

监管框架、强化市场准入、
金融服务和保险

类别1：
监管框架、强化市场准入、金融服务和保险

本地食品节点

获胜者	
申 请 人：	阿尔宾·庞纳特（Albin Ponnert），本地食品节点勒斯通阿合作社（Röstånga ek Förening）创始人
国　　家：	瑞典
实施国家：	澳大利亚、比利时、芬兰、德国、挪威、葡萄牙、斯洛伐克、南非、瑞典、瑞士、英国、美国
网　　址：	https://localfoodnodes.org/en
交付模式：	完全免费使用（开源、社区方法；自由选择捐赠）
阶　　段：	市场采用（验证阶段）

背景和挑战

　　在全球范围内，人们已经达成共识，认识到当前食品系统存在诸多问题，需要通过创新的方法来解决，特别是从食品生产和分配着手。我们面临的挑战是确保每个人都能得到充足的食物，同时避免对地球开发过度。本地食品节点倡导一种可持续的食品生产方式，旨在解决环境退化、蜜蜂灭绝、土壤侵蚀、资源枯竭以及中间商垄断等问题。目标是强化本地粮食网络，提高韧性，并在生产者与消费者之间建立直接的联系。通过创建本地食品节点，他们希望将本地食品生产者与消费者紧密联系起来，并加强现有关系。这一举措旨在促进直接交易，建立有韧性的社区，并让我们重新掌握自己的饮食及其生产方式的控制权。最终，实现食品的本土化，让食物回归其本质，既健康又易于被大众获取，摆脱我们习惯的不完善的食品分配体系。

©本地食品节点

描述

　　这种愿望催生了一套开放的数字平台，旨在为食品生产者和消费者提供一个直接交流和交易的空间。生产者可以通过这个平台展示其产品，而消费者则可轻松地订购他们喜爱的商品，并直接向生产者支付费用。该项目致力于帮助小规模生产者更便捷地进入市场，并为他们提供可持续的财务解决方案，同时为更多人进入当地小型食品生产加工行业铺平道路。

该项目特别为那些希望进行直销的小型食品生产者设计了本地食品节点。这些节点是预定时间和地点，消费者和生产者可以面对面交易。通过这种方式，生产者能够一次性向多个消费者交付食物，而消费者则有机会接触到不同的生产者及其产品。该项目还创建了一套数字开源解决方案，专为以人为本的预订和当地农贸市场设计。这套方案具有独立性、非营利性，财务透明度高，并且完全免费提供。它为小农户提供了一个无须成本就能与客户建立直销关系的工具，从而鼓励小规模粮食生产，增强当地粮食主权，并提高生产系统的韧性。本地食品节点项目采用一种自由捐赠的财务模式，确保了收支100%透明。这意味着生产者可以通过接受捐赠来支持其业务运营，同时保持与消费者之间的直接联系。目前，该项目拥有不到3 000名捐赠者，他们对每个订单平均贡献13欧元。项目已经在全球200多个地点成功部署，并且与750多家当地食品生产商建立了合作关系。项目自推出以来，用户规模每天都在扩大，平均每天新增20个用户。

技术

本地食品节点项目正在创建一个开源平台，其中包含网站和移动应用程序，该应用程序可从苹果应用商店（App Store）和谷歌应用商店（Google Play）下载。该应用程序基于该项目网站网址www.localfoodnodes.org的应用程序编程接口（API）开发而成。

发展历程与未来规划

该项目的初衷是探索如何帮助小型生产者更顺利地进入市场，并提供更有力的可持续财务工具，同时为更多人参与当地的小规模粮食生产创造条件。这一探索始于2015年在瑞典开展的全国性预研究。随后，于2016年启动了平台的开发，并在2017年夏季推出了首个版本。2018年夏季，推出了移动应用版本，而到了2020年3月，平台的2.0版本正式发布。自项目启动以来，他们一直与当地小农保持密切且持续的对话。他们的目标是不断完善和扩展平台，使其具备用户所需的功能。为实现目标，他们会与全球农民进行深入交流，倾听全球农民的声音。此外，他们也在积极寻求更优质的融资机会，以加快开发速度，并在团队中增加更多关键岗位，以推动项目向前发展。

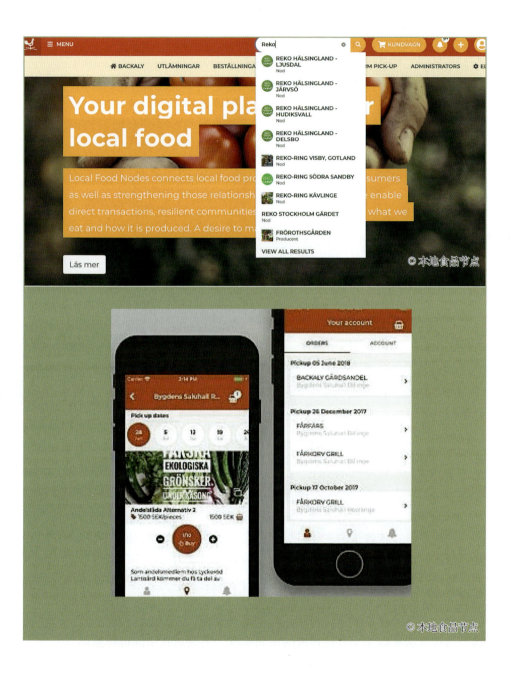

类别 1:

监管框架、强化市场准入、金融服务和保险

荣誉提名

恩马农业移动应用程序

荣誉提名

申 请 人:奥斯里乌斯·库钦斯卡斯(Aušrius Kučinskas),立陶宛农业部国家支付局调控司直接支持调控处负责人

国　　家:立陶宛

实施国家:立陶宛

网　　站:www.nma.lt

交付模式:完全免费使用

阶　　段:已验证(扩大阶段)

背景和挑战

共同农业政策(CAP)自 1962 年实施以来,一直是欧盟历史最悠久且极为关键的政策。该政策的主要目标是"支持欧洲农民,确保欧洲的粮食安全"。随着技术的发展,共同农业政策所涉及的领域已成为公共部门利用哥白尼和伽利略数据的重要且具有巨大潜力的领域,农业领域也成为这些数据的主要应用领域之一。恩马农业(NMA agro)项目是在 2020 年以后的共同农业政策新建议基础上开发的。该项目采用了先进的地球观测(EO)数据进行自动化监测,这一创新方法有望完全替代传统的田间检查,实现对农田的持续监测。

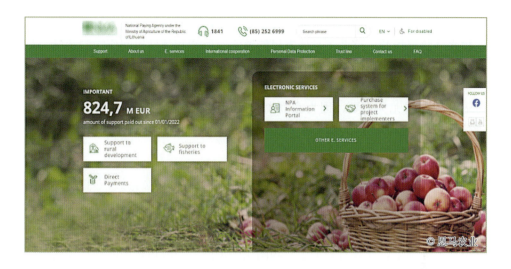

© 恩马农业

描述

　　2018年，立陶宛支付局（NPA）推出了一款名为NMA agro的免费移动应用程序，它适用于苹果（iOS）和安卓（Android）操作系统，目前用户已超11 000人。这款应用程序的设计初衷是简化农民的工作流程，使他们能够轻松上传带有地理标记的照片，作为申请共同农业政策计划的证据。NMA agro应用程序是区域监测系统的关键组成部分，该系统将成为2020年以后共同农业政策综合管理和控制系统的一部分。它允许农民直接从田间发送带有精确坐标和方位的照片，并且具备测量距离和面积的功能。这种现代化的解决方案不仅帮助农民更有效地报告他们的活动，如特定作物的种植、投资项目的实施，以及履行对立陶宛支付局、国家兽医服务机构和国家植物保护服务机构的承诺，而且还减轻了他们的行政负担。此外，NMA agro应用程序还为支付局等相关机构提供了一种高效的远程核查方式，节省了大量时间、人力、行政和财政资源。现在，农民在与支付局合作方面有了更多选择。

　　当遥感数据或航空图像无法提供足够的信息，或者支付局需要更详尽的证据时，NMA agro地理标记照片应用程序为农民提供了一个解决方案。通过这款应用程序，农民能够发送带有地理标记的照片作为证据，证明他们所进行的活动或种植的作物类型。

　　NMA agro应用程序集成了所有主要地块识别系统图层，包括土壤侵蚀和Natura 2000地区，为农民提供了全面的地理信息支持。此外，它还提供了对哥白尼计划监测卫星"哨兵"的持续更新卫星图像的访问权限，如植被指数和作物水分胁迫指数。这些工具使农民能够实时监测和评估田间作物的状况，并据此做出必要的农业决策。

NMA agro 地理标记照片框架对所有农民免费提供。这种移动应用程序在新冠疫情期间尤为重要，因为在隔离期间和隔离期后，大多数核查只能远程进行。NMA agro 应用程序因此成为了农民与支付局沟通和证明合规性的关键工具。

技术

NMA agro 是一款利用先进的地理信息系统软件开发包（ArcGIS Runtime SDK）构建的先进地理标记应用程序。它允许用户轻松地为移动设备拍摄的照片添加地理标记，并查看叠加了专题图层的地图。该应用程序能够直接从拍摄区域捕获坐标和方位，用户只需提供必要的属性信息，数据即可即时传输给支付局。此外，它还具备测量距离和面积的功能，并将这些数据上传到描述中，确保信息的完整性。NMA agro 利用不断更新的开放型遥感数据，如哥白尼计划的"哨兵"卫星图像，提供带有植被指数或作物水分胁迫指数的地图图层。这些工具使农民能够实时监测和评估田间作物的状况，及时开展必要的农业活动。农民还可以利用这些数据制定更精确的施肥和灌溉计划，更准确地预测收获农作物的数量和质量，并在需要时收集农业活动或不可抗力情况的相关证据。通过创建和发布带有图层的地图，NMA agro 还促进了国家机构公开可用数据，向公众和企业展示了尽可能多的信息。这一工具不仅增加了管理的透明度，还鼓励企业为农民创造新的服务。

发展历程与未来规划

NMA agro 应用程序是由立陶宛支付局（NPA）与国家遥感和地理信息中心（GIS-Centras）紧密合作开发的解决方案。应用程序的持续开发计划包括提供个性化解决方案、增强用户授权机制，以及在单一移动平台中集成所有与农民相关的管理信息。NMA agro 致力于成为一个向公众开放的平台，通过提高服务的可及性、公开性和透明度，为农民和利益相关者提供更大的便利。NMA agro 的目标是为客户打造一个方便、易于访问的电子公共服务环境，减少行政负担并简化欧盟扶持项目的管理工作。

土壤英雄公平链平台

荣誉提名

申 请 人：威尔金·克伦（Wilkin Kroon），土壤英雄公司总监
国　　家：荷兰
实施国家：奥地利、比利时、德国、荷兰、英国
网　　站：www.soilheroes.com
交付模式：完全免费使用
阶　　段：市场采用（验证阶段）

背景和挑战

　　我们的世界正面临严峻的挑战，包括生物多样性的丧失、气候变化以及农业系统的崩溃和土壤退化。随着世界人口的持续增加，提升粮食生产能力变得尤为迫切。恢复和增强土地生产力的关键在于推动向再生农业的转型，这包括减少化学肥料和农药的施用、实行保护性耕作、加速作物轮作、引入多样化的农业景观以及施用绿肥等可持续农业实践。然而，在实施这一转型的过程中，许多有潜力的农民面临资金和技能的双重短缺。尽管越来越多的企业和组织开始认识到再生农业的重要性，并有意为这一转型作出贡献，但他们难以接触到正在实施再生农业的农民，缺乏具体的再生农业知识，也没有将这一转型与自身业务流程、系统和方案相结合以创造商业价值。

©土壤英雄公司

描述

　　土壤英雄公平链平台是一个创新的解决方案，它不仅紧密地连接了农民、企业和利益相关者，还提供了一个平台，用于共享知识、促进交易，并展示再生农业的成果。以下是该平台为不同用户群体提供的关键功能：

　　农民客户：获得再生农业的知识和信息，以规划和实施可持续农业实践。收集证据，展示实践对环境的积极影响。分享长期进展、成果和基准数据。通过生态系统服务市场获得奖励，以表彰其对可持续农业的贡献。

　　企业客户：了解再生农业，与转型中的农民建立联系，或将自身供应链中的农民纳入转型过程，通过生态系统服务市场支持这些农民完成转型，并对其创造的影响给予回报；同时，与利益相关方分享关于农场、农民、所创造的影响、基础证据、（长期）进展与成果以及基准评估信息。

　　其他利益相关者：了解再生农业、转型中的农民以及其产生的积极影响。

　　综上所述，土壤英雄平台是一个集成了多种功能和尖端技术的端到端解决方案，旨在连接并支持农民、企业和其他利益相关者，共同推动可持续农业的发展。

技术

土壤英雄公平链平台的主要构建模块和技术：
- 该平台及其功能可在桌面和移动应用程序上使用。
- 移动应用程序的具体功能包括使用全球定位系统（GPS）进行绘图导航、通过使用摄像头收集证据以及标记位置。
- 该平台的核心是围绕再生农业概念建立的社区，将农民、企业及其利益相关者联系起来，共享信息和知识，寻找和连接再生产品的供应商和买家，通过生态服务市场进行交易。
- 该平台利用遥感（卫星、无人机）和传感器（天气、土壤条件）对再生农业实践进行规划和反馈，并提供影响报告。
- 该平台的主要目的是创立再生做法和分享成果与影响信息，以及在当地因地制宜地对再生实践加以应用。因为农民将保留数据所有权，所以利用这些知识集合构建而成以及（大数据、人工智能）所习得的数据成为平台参与者的利益所在。

发展历程与未来规划

土壤英雄公司成立于2019年6月6日，同年9月开始研发实际产品，同年10月启动土壤英雄公平链平台的开发，首个最小可行产品版本于2020年4月交付，8月开始进行市场验证，目前在培训启动阶段有10个带头农民和10家企业参与其中，同时正准备扩大规模。土壤英雄的中长期目标包括：
- 实现完整的市场验证。
- 根据市场验证结果添加、增强和调整方案、能力和功能。
- 准备扩大解决方案的规模。
- 完成一轮融资以扩大规模。

土壤英雄的平台开发计划具体包括：
- 扩大区域能力（土壤类型和气候条件）。
- 拓展模式和再生实践能力。
- 增加社区功能（连接农民、企业和其他利益相关者）及内容、知识共享功能。
- 进一步实现流程自动化和自助服务功能。
- 提升大数据、人工智能方面的能力。

©土壤英雄公司

©土壤英雄公司

塔西姆——针对农业保险联营的增强
现实语音保单应用程序

冠 军

申 请 人：默特·卡劳斯马诺格鲁（Mert Karao-
smanoglu），塔西姆公司高级专家
国　　家：土耳其
实施国家：土耳其
网站：www.tarsim.gov.tr
交付模式：免费和收费
阶段：已验证（扩大阶段）

背景和挑战

在农业保险领域，确保农业生产者全面而准确地理解保险的覆盖范围至
关重要。然而，生产者在掌握保险细节方面面临障碍和挑战。首先，他们可能
会忽略一些关键要素，例如，选择恰当的保险覆盖范围、申请扩展保险范围、
了解出险后的索赔通知程序以及赔偿支付方式。对保险条款和保单细节认知不
足，以及难以从保险供应商那里获取详尽信息，可能给损失评估和赔偿流程带
来困难，特别是对于那些来自农村地区的小农户。其次，通过保险机构购买保
险的生产者可能会接收到不全面或误导性信息。这些机构可能提供有限的保险
选项，并且为了降低价格而未能充分披露可能产生的额外费用。这种做法可能
会削弱人们对农业保险的信任。

语音支持

©塔西姆公司

描述

塔西姆，一款增强现实（AR）语音保单应用程序，旨在向农业生产者提供全面而详尽的保险信息。用户只需扫描保险合同上的二维码或在应用内选择保单，即可获得相应的音视频辅助。这种交互方式不仅简化了获取保单细节的过程，而且通过音视频的辅助，使得内容更加生动有趣，易于记忆，从而提高了生产者对保单细节的理解和兴趣。

塔西姆还使生产者能够了解出险后要走的流程。它告知用户如何及时发出索赔通知，以及何时可收到理赔款。通过制定适当的保单来保障生产者的收入也是该应用的重点之一。借助此应用程序，可避免那些不适合生产者（特别是生活在农村地区的生产者）需求的保险覆盖范围。此外，使用支持AR语音保单应用程序还可降低保险成本，如保单打印成本、呼叫中心成本、信息请求和代理成本，同时还减少了错误或不完整保单的数量，准确解释所提供的各种承保覆盖范围。

技术

该应用程序采用通过集成音视频和三维模型生成的增强现实技术，充分利用人的感知来吸引人。这种技术组合可生成并展示三维保单的特定场景。塔西姆还拥有自己的虚拟吉祥物，它出现在专门为保单创建的虚拟场景中，以音视频方式解释保单细节。当用户探索该应用程序时，塔西姆的吉祥物会大声传递与该保单有关的重要信息。同时，生产者可通过单击屏幕上出现的应用程序功能来获取其想要的任何其他信息。塔西姆的增强现实语音保单应用程序有两种工作方式：保单打印输出（目标检测）和保单编号（表面检测）。它可以在平板电脑或智能手机上运行，只需扫描合同上的二维码或从可用保单列表中选择保单即可。用于展示场景的视觉效果和三维模型提供了重要的标准信息，包括因冰雹、风暴、旋风、火灾、地震、洪水、山体滑坡等灾害造成的损害理赔金额，这使得保险条款更加清晰易懂。例如，拥有牲畜保险的生产者可以使用手机摄像头和应用程序，以三维方式对牧场和饲养的牛群进行建模，从而简化了保险细节的呈现方式。

发展历程与未来规划

自2005年成立以来，塔西姆公司一直遵守《农业保险法》，公司的愿景是成为一个受农民信任的模范机构，能够为土耳其所有农业地区种植的所有类型的农产品提供尽可能广泛的农业保险。为此，公司致力于改善土耳其农业，支持女性农民、30岁以下的年轻农民及小规模生产者，成为发展中国家的榜样。在过去的15年里，塔西姆已经证明了自己有能力成为众多国家的楷模。例如，在塔西姆的咨询服务支持下，阿塞拜疆建立了类似的农业保险系统。塔西姆的中长期目标包括：

降低技术门槛：优化应用程序，降低系统要求，确保所有层次的生产者都能轻松使用。

设备兼容性：推动智能手机和平板电脑制造商支持该应用程序，以扩大用户基础。

信息传递：通过呼叫中心服务，将保单详细信息直接转发给生产者，提高信息的可及性。

内容更新：根据市场需求，开发应用程序内容，更新内容和信息。

AR技术应用：开发AR应用程序，利用手机摄像头生成田地三维场景，直观展示种植、灌溉和施肥的最佳做法，提高生产者的操作水平。

可持续发展：该项目通过不断更新和技术创新，提高生产者和养殖者的认知，推动农业的可持续发展。

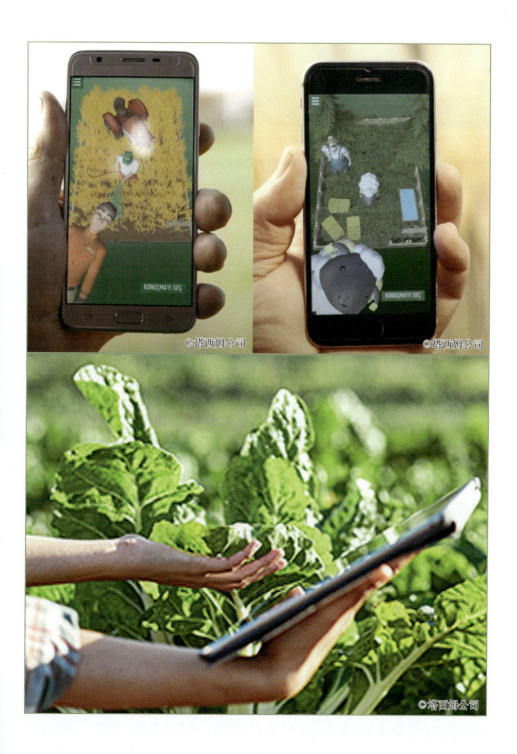

©塔西姆公司

©塔西姆公司

©塔西姆公司

农业分析——为农民提供融资、支持、投入和知识的一站式综合服务平台

冠 军

申 请 人：柳德米拉·季莫申科（Liudmyla Tymoshenko），农业分析有限责任公司（Agrianalytica LLC）董事

国　　家：乌克兰

实施国家：乌克兰

网　　站：https://agrianalytica.com/en

交付模式：免费和收费

阶　　段：已验证（扩大阶段）

背景和挑战

农业分析公司致力于构建一个以农民为中心的综合服务平台，为农民提供增值服务。小农户在发展过程中面临三大核心挑战：

1. 融资渠道

缺乏会计核算或核算质量差，缺少用于会计核算和生产规划的简易工具，农民掌握的财务知识少且无法准确表达其财务诉求，银行贷款官员对农业业务缺乏了解，银行向小农放贷时缺乏信贷分析工具和风险评估手段。

2. 市场准入和投入

缺乏能在一处对银行、供应商和采购商的融资方案进行比较的工具，也缺乏用于选择最合适的原材料及技术资源采购方案的工具；缺乏一种能够找到其他农户，并能使大家联合起来形成足够多的、可供交易的产品量，进而实现农作物盈利销售的工具。

3. 获取知识

对如何找到最佳条件的信贷以及如何比较不同的信贷选项缺乏了解，如银行贷款的实际利率，生产资料供应商的信贷条件，加工商、贸易商的预融资选择条件；不了解如何为贷款人准备商业计划和一揽子文件并提交申请；缺乏提高盈利能力的经济分析知识；缺乏高效生产和农作物种植技术方面的知识；缺乏正确进行会计核算的知识。

©农业分析公司

描述

农业分析公司开发了全面且简单易用的在线产品，帮助小农户更高效地经营业务，同时满足贷款机构的要求。为帮助农民快速制定商业计划，他们开发了"农业：商业计划"在线工具，通过提供充分的证据来吸引财务资源，在获得贷款、政府支持、赠款或私人投资方面发挥着关键作用。为帮助农民保留可靠的生产会计记录，他们开发了简单易用的"农业：会计"在线工具，在这个工具中，所有的会计分录和报告都会自动生成，包括税收报表和财务报表。

为帮助农民获得更多利润，他们开发了"农业：农场管理"工具，使农民能够有效地组织生产流程，控制资源的使用，并为农民提供必要的分析数据，以便其做出明智的管理决策。为方便贷款机构快速可靠地做出信贷决策，他们开发了"农业：信贷分析"工具，该工具可对申请贷款的农户进行土地核查以及财务、经济、比率和基准分析。在"农业：融资"模块中，农民可以看到国家的各种扶持计划以及金融机构的金融产品。他们可输入供应商和买家信息，选择更优方案并在线提交申请。通过使用"农业：交易"模块，农民可找到附近的同行（情景合作），形成市场交易量。

农业分析平台为农业市场参与者提供了一个互联互通的生态系统，其中包括交易商和买家，他们可以在平台上发布购买需求和数量，让农民能够一目了然地看到市场上的所有报价。此外，平台的"农业：购物"模块为农民提供了一个便捷的在线市场，他们可以在这里访问查看和购买供应商提供的各种农业产品。"农业：顾问"模块是一种数字化且具有成本效益优势的农业推广服务。

技术

主要技术和系统包括：服务器操作系统 Linux 3.10、应用服务器 Apache 2.4、系统后端 PHP 7.0 和 7.2、主数据库 MySQL5.6 和 5.7、遗留部件系统前端 JQuery 3.4、新部件系统前端 Vue.js 2、css 框架 Bootstrap 4、消息代理系统 RabbitMQ、数据结构存储 Redis、外部 php 数据包管理器 Composer、外部 JavaScript 数据包管理器 npn、操作系统虚拟应用容器 Docker。

发展历程与未来规划

总部位于乌克兰基辅的农业分析公司成立于 2017 年。在过去的两年里，公司以其简洁而有效的运营原则迅速赢得了市场的信任。农业分析公司成功构建了一个多元化的农业生态系统，汇集了种植者、金融机构、投入品供应商、农产品采购商、投资者、捐助者、保险公司以及其他企业。公司致力于确保所有参与者都能基于互利共赢的理念，获得融资、市场和知识的便捷访问。该公司与美国国际开发署（USAID）合作，为农民提供金融知识、商业规划和会计培训。目前，农业分析平台的注册用户数量不断增加，影响力不断扩大，已有 11 317 个农民加入，覆盖 230 万公顷的耕地。此外，平台上的合作伙伴网络也在不断扩大，包括 29 家银行、8 家信用合作社、57 家供应商以及 60 家采购商（贸易商和加工商）。

类别 2：

能力发展和赋权

有机农场知识平台——促进有机农业
从业者和顾问之间的知识交流

类别 2：

能力发展和赋权

有机农场知识平台——促进有机农业从业者和顾问之间的知识交流

获胜者

申 请 人： 玛丽亚·格纳特（Maria Gernert），国际有机农业运动联盟（IFOAM）欧盟区域组织有机技术平台（TP）项目协调员

国　　家： 比利时

实施国家： 奥地利、比利时、保加利亚、加拿大、哥伦比亚、捷克、丹麦、爱沙尼亚、法国、德国、希腊、匈牙利、意大利、拉脱维亚、黎巴嫩、荷兰、新西兰、巴基斯坦、波兰、塞尔维亚、西班牙、瑞典、瑞士、英国、美国

网　　站： www.organicseurope.bio

Ａ Ｐ Ｐ： https://organic-farmknowledge.org

交付模式： 免费和收费

阶　　段： 早期阶段（构思阶段）

背景和挑战

　　有机农业作为一种可持续的农业实践，正日益受到农民的重视。这些农民受到农业生态学原则和有机农业方法的启发，致力于发展知识密集型而非资源密集型的农业系统。实现农业粮食体系转型关键在于科学知识的积累和实践应用的推广。

　　知识获取与交流：通过交流学习最佳做法，农民可获取最新研究成果。尽管有关有机农业的知识和信息资源广泛存在，但将这些知识应用于日常工作并找到具体的操作指南，对农民和顾问来说仍然是一大挑战。

知识传播的局限性：研究项目产生的知识往往停留在学术层面，未广泛传播并在农场实践中得到应用。这种脱节导致研究成果未能实现转化。

交流成本与可行性：农民通常依赖于同行或顾问的一手知识，但这种交流方式在时间和地理上受到限制，尤其在偏远地区，这种交流的成本和难度都较高。

地域性知识共享：在特定地区或国家积累的农业知识，往往未能跨越地域界限，导致其他地方的农民无法受益。

欧洲和中亚数字农业良好做法区域竞赛决赛选手！

© 国际有机农业运动联盟欧盟区域组织

有机农场知识是 OK-Net Arable 和 OK-Net EcoFeed 项目的成果。这些项目分别获得了欧盟地平线 2020 研究与创新计划（资助协议编号 652654 和 773911）的资助。

描述

互联网不仅提供了一个快速传播最新信息的平台，而且促进了现场参与者之间的深入互动。在线中心在汇集知识和参与者方面发挥了至关重要的作用。在欧洲，有机农业知识平台整合了经过科学验证且易于获取的农业知识，为农民和农业顾问提供了丰富的工具和资源。该平台的主要目标是提供即时可用的知识，帮助改进有机农业实践。平台的工具包括说明书、指南、在线计算工具和视频，提供为从业人员量身定制的实用科技知识，同时还便于获取和使用。它们涵盖的主题包括耕种作物、土壤质量和肥力、养分管理、病虫害控制、杂草管理、畜牧养殖、饲料配给计划、有机种子和植物育种。更多主题即将推出，如水果生产、农业经济学、食物链管理和生物多样性。有机农场知识工具永久存储在有机农业电子印本（Organic Eprints）数据库中，该数据库由国际有机食品系统研究中心（ICROFS）维护，是涵盖与有机农业研究相关的出版物和其他材料的在线档案库。截至2020年11月，有机农业知识平台上有315个可用工具。虽然有机农场知识的地理范围是欧洲，但该平台上的知识可能对具有类似气候的地区，如北非、近东、北美或欧亚地区，也具有参考价值。

技术

该平台以用户需求为核心，精心设计以提供卓越的用户体验（UX）。每个工具都配有详细的元数据描述，这不仅帮助用户快速定位到最适合自己需求的资源，同时也便于根据主题和关键词等对工具进行分类和组织。

为了进一步提升搜索效率，用户可以通过简单的文本搜索或利用多种过滤器（如主题、关键词、语言等）来精确筛选所需的工具。平台支持14种语言，确保了全欧洲范围内的农业从业者都能方便地访问和使用这些资源。所有材料均以英文撰写，并利用"谷歌（Google）"和"深度翻译（Deepl）"等先进的翻译工具进行多语言翻译，随着翻译技术的进步，平台的语言翻译质量也在持续提升。此外，平台还集成了"迪斯克评论（Disqus）"系统，用户可就特定主题或工具展开讨论。

发展历程与未来规划

该平台是在有机耕作项目（OK-Net Arable）的背景下建立的，该项目致力于提升有机作物的产量和品质。随着有机饲料项目（OK-Net EcoFeed）的进一步发展，该平台支持有机养殖者实现100%使用本地有机饲料的目标。这种解决方案旨在最大限度地减少从业者寻找关键信息所需的时间和努力，这对于他们来说至关重要。有机农业知识平台的核心合作伙伴包括：有机农业研究所（FiBL），负责平台的托管、管理和维护；国际有机食品系统研究中心，负责有机数字图书馆（Organic Eprints）数据库的管理和维护；国际有机农业运动联盟欧洲分会，负责协调和推广工作。为了将有机农业知识平台打造成为欧洲有机农业实践的知识参考中心，合作伙伴们共同制定了一项行动计划，为平台的持续发展提供了全面的框架。该计划设定了明确的目标：每月吸引10 000名独立访客，年度总访问量达到150 000人次。

©国际有机农业运动联盟欧盟区域组织

©国际有机农业运动联盟欧盟区域组织 ©国际有机农业运动联盟欧盟区域组织

©国际有机农业运动联盟欧盟区域组织

类别2：
能力发展和赋权

农业基因专家

荣誉提名

申 请 人：曼努埃尔·西尔维拉（Manuel Silveira），
农业基因专家有限公司
国　　家：葡萄牙
实施国家：葡萄牙、西班牙
网　　站：www.ruralbit.pt
A P P：https://genpro.ruralbit.com
交付模式：常规服务
阶　　段：已验证（扩大阶段）

背景和挑战

　　本土品种的重要性日益受到人们的重视。它们不仅是珍贵的遗传资源，需要得到保护，更重要的是，这些品种对各自地区环境的适应性极强，能够有效利用有限的资源。对于农村社区来说，本土品种是维持可持续农业实践的关键因素。然而，本土品种面临着被外来品种替代的风险。尽管外来品种在初期可能显示出更高的生产力，但它们往往难以长期适应当地环境，这可能会对社区的可持续性造成威胁。保持本土品种种群的健康和活力是一项重大挑战，特别是在偏远地区，如山区的小规模农户，他们往往面临产品营销和确保可持续发展的难题。为了应对这些挑战，对当地家畜品种的相关数据进行准确记录至关重要。

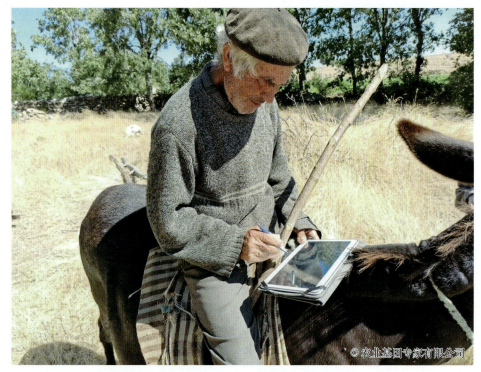

照片中一位米兰德萨绵羊（产于葡萄牙东北部）养殖户正在使用 Genpro 签署电子文件。

描述

　　Genpro 是一个在线平台，专门用于记录与种畜簿管理相关的数据，目前管理葡萄牙几乎所有种畜簿中的 67 个品种（包括牛、羊、马和猪）。Genpro 可涵盖每个品种的所有信息，从而识别主要限制因素并制定保护计划。它还可对信息进行处理并反馈给每个农民，其能够最充分地利用自己手头资源。最后，通过提供这些产品的营销策略工具，作为其溯源的基本环节，有助于农村社区的可持续发展。该应用程序可记录各种动物数据，如耳标、身份（ID）号、家谱、体重、人工授精和药物使用等。Genpro 是为农民联合会和协会设计的平台，用于有效管理种畜登记簿。通过这个平台的开发和应用，Genpro 与这些组织保持了紧密的合作关系，从而深入理解不同地区畜牧业的生产状况和需求。通过使用 Genpro，农民协会的技术人员可从所有农场收集数据，并全面了解其管理的品种。农民还可通过安卓应用程序坎波（R.campo）直接收集数据，然后发送到 Genpro 的主数据库。这些数据可用于设计和实施保护计划，并将信息反馈给农民。通过 Genpro 持续进行数据收集和分析，这些计划会受到持续监控，以便在必要时对其进行评估和改进。

　　费用由农民协会承担。该服务的初始会费和订阅费为每月100 ～ 150欧元，其中包括用户维护、技术支持以及新功能开发。

技术

　　任何连网设备都可访问Genpro在线平台。它采用模块化结构开发，因此很容易适应不同物种、不同生产系统以及多种语言。技术人员、农民以及生产链中的任何参与者都可随时随地获取相关信息。访问权限确保每位用户只能获取其已订阅的信息。R.campo是一款安卓应用程序，可用于在田间收集数据，之后再与Genpro在线平台同步。数据可在没有互联网的情况下离线采集。采集完成后，数据自动同步，无须文件传输。可针对不同的田间作业和不同的屏幕尺寸定制数据采集表格。R.campo适用于所有任务，从简单的活体重量收集到对动物所有信息的完整采集都可完成。Genpro是使用标准的MySQL、PHP、HTML语言开发的，采用可扩展基础架构，使得平台能够随着需求的发展而不断扩大。

发展历程与未来规划

　　Genpro自2006年起开始投入使用。目前，它正在葡萄牙和西班牙的农民协会中得到应用，共涉及67个牲畜品种，已有近820万头家畜完成注册，用户超过2 200人。不断推进国际化进程是其一个关键目标。为了实现这一目标，农业基因专家有限公司正在积极寻求资金支持，目的是将Genpro推广到那些目前因成本问题而无法使用该平台的社区，尽管平台的费用已经非常低廉。农业基因专家有限公司与每个农民协会保持密切合作，确保Genpro能够完全满足他们的需求和期望。此外，农业基因专家有限公司还与葡萄牙农业研究中心建立了战略合作伙伴关系。该研究中心利用Genpro进行动物遗传评估，这种评估能够为每个品种的动物提供详细的特征描述。这对于制定有效的保护策略和促进畜牧业的可持续发展具有重要意义。

© 农业基因专家有限公司

© 农业基因专家有限公司

© 农业基因专家有限公司

© 农业基因专家有限公司

类别 2：
能力发展和赋权

电子农业地图

荣誉提名

荣誉提名

申 请 人：叶夫根尼·伊·里亚扎诺夫（Evgeny I. Ryazanov），亚洲农业信息公司（Agro-InformAsia）董事
国　　家：吉尔吉斯斯坦
实施国家：吉尔吉斯斯坦、俄罗斯、塔吉克斯坦
网　　站：https://agro-asia.com/ru
Ａ Ｐ Ｐ：https://maps.agroinform.asia/krg/ru
交付模式：免费和收费（定期维护）
阶　　段：市场采用（验证阶段）

背景和挑战

　　小规模农户在获取产品加工或出口的长期合同方面常常面临挑战。他们的种植决策往往受到邻近农户上一季收成情况的影响，这种跟风种植的做法可能导致市场供应过剩，进而引发零售价格的急剧下跌和经济上的损失。为了缓解这种情况，对于无法即时销售的农产品，适当储存成为了一种策略，尤其是期望在冬季或春季市场价格上涨时。对于那些缺乏自有储存设施的小农户来说，了解并利用可用的储存资源至关重要。他们可以根据提供的信息，联系储存设施的所有者，租用所需的储存空间。

© 亚洲农业信息公司

描述

　　该解决方案包括基于谷歌的国家级电子地图以及地区级信息。这些农业地图具备以下功能：

1. 生产优化

　　生产者以及规划农业生产的组织需要对地区、区域和国家级别特定作物生产趋势进行深入分析，并决定当年是否种植该作物。

2. 加工和贸易优化

　　识别特定作物生产最多的地区，以确定其产品加工、销售及出口的机会和前景。

3. 运输成本优化

　　某些农产品运送至加工或出口地的运输成本优化。

4. 特定农产品评估

　　对特定农产品进行地区级粮食安全评估。该层级还允许估计特定产品在国内的流通情况。

5. 互动交流

　　促进农业价值链各利益相关者之间的互动和信息交流。

技术

国家级电子地图可提供地区级信息。该技术基于谷歌地图，并添加了区域边界。最终可实现多个层级的叠加。

发展历程与未来规划

农业电子地图的首个版本于2017年推出。这些地图基于轮廓线，换句话说，描绘了国家和地区的边界，但并未提供用户互动和缩放功能。这些地图是由亚洲农业信息公司与总部位于塔吉克斯坦胡占德（Khujand）的内克西戈·新瓦尔（Nexigol Navovar）和内克西戈·穆绍维尔（Nexigol Mushovir）公共基金会合作开发。随后，亚洲农业信息公司与俄罗斯坦波夫（Tambov）的一家自治非营利组织——农工综合体数字化能力中心（the Centre of Competence for Digitalisation in Agro-industrial Complex）签署了合作备忘录，该中心提供坦波夫地区的相关信息。2019年，亚洲农业信息公司在欧亚经济委员会（EEC）举办的欧亚数字平台创新亚洲农信社数字项目国际竞赛中荣获第二名。欧亚经济委员会的评估激励了合作伙伴改进该工具，该工具已转换为谷歌地图框架，添加了许多新图层，同时进行了改进工作并提供相关分析见解。

计划推出收费分析工具：分析特定作物生产趋势以及产量变化与市场价格变化之间的关系。后一种工具已在农业空间（AgroSpace）平台上提供，目前可免费使用（https://prices.agroinform.asia/tj/prices）。另外的开发方向是将地图与移动应用程序链接起来，以展示种子、植保产品和肥料销售公司（https://apps.agroinform.asia）。

©亚洲农业信息公司

©亚洲农业信息公司

类别 2:
能力发展和赋权

农场远见农业商业模拟器

冠 军

申请人:	亚历山大·埃内(Alexander Eine),农场远见公司首席执行官
国　　家:	乌克兰
实施国家:	乌克兰
网　　站:	www.farmforesight.com
A P P:	www.app.farmforesight.com/signup
交付模式:	免费和收费(账户完全免费,部分高级选项收费,以提高类似于游戏的使用体验和感受,允许更好地定制场景并提供完善的分析功能)
阶　　段:	市场采用(验证阶段)

背景和挑战

　　农场远见系统将培训和评估过程变成类似游戏的体验创新,让团队成员改进竞争性解决方案,员工可轻松参与学习过程,有利于降低招聘成本和缩短适应期。小农户可以农场远见系统为基础来构建假设情景,并在无风险的情况下获得相关经验,来解决市场、天气条件等理论问题。

©农场远见公司

描述

　　农场远见系统是一款集成了统计数据和因果分析的农业企业决策模拟系统，它采用游戏化的方式进行商业模拟。该系统覆盖了管理、农学、贸易和金融等多个决策领域，通过模拟影响未来产量和财务成果的关键因素，例如气候条件、肥料与农药的成本与品质、作物轮作效应、地区适宜的农技时机、市场价格波动等，为用户呈现了一个全面的决策训练平台。系统的设计旨在培养和提升决策技能，它不仅是员工能力评估与培训的工具，帮助人力资源部门筛选合适的候选人，还是团队建设和协作活动的有效工具。此外，农场远见系统还能提升农民和植物生产公司员工的决策制定能力。该系统是与乌克兰媒体控股公司大庄园主（Latifundist）合作开发的成果，该公司拥有广泛的媒体资源，覆盖乌克兰、白俄罗斯和哈萨克斯坦的农业市场。用户可以免费注册账户，体验基础功能，同时系统也提供了一些高级选项，以提升游戏体验，实现更精细的场景定制，并提供更深入的分析功能。

技术

　　农场远见系统是一款基于Java和React.js技术开发的网络应用程序，专为模拟植物生产公司的运营而设计。它支持创建多人会话，能够根据现实世界的公司运营模式进行定制，包括区域特性、企业规模、特定气候条件以及价格波动等因素。系统内置的核心分析算法依托于大数据分析，并经过专家团队的精心调校，以确保在虚拟环境中提供高度逼真的预测结果。通过游戏化的设计，农场远见系统将建模过程转化为一种既有趣又吸引人的体验。系统具备高度的适应性，只要有足够的历史数据支撑，便能够分析并建立因果模型，适用于全球范围内几乎所有作物类型的模拟。

发展历程与未来规划

　　自2020年2月推出以来，农场远见系统已成功吸引了众多行业领先公司成为其企业客户。目前，该系统已经注册了约4 000个账户，并成功举办了超过20 000场模拟会话，每场会话均完整模拟了一整年的植物生产周期。此外，农场远见公司还在乌克兰农业界举办了一场奖金高达10 000美元的在线竞技锦标赛，赢得了业界的广泛好评和积极参与。农场远见系统不仅作为一款事件工具、员工培训平台、评估工具和商业计划验证工具被一些顶级公司所采纳，还计划进一步扩展其功能和服务。未来还将包括增加更多作物类型，更新现有作物的历史数据，丰富系统内的天气和价格情景，以及在其他国家寻找合作伙伴，开发具有本地作物特性和轮作模式的定制化建模版本。

60

类别 3：

农业创新系统与可持续农业——
农场自动化、机器人、无人机

有机农业中的高精度杂草控制

有机农业中的高精度杂草控制

获胜者

申请人：斯蒂芬·胡斯曼（Stephan Hußmann），
西海岸应用技术大学教授、博士、工程
师，项目经理

国　　家：德国

实施国家：德国

网　　站：https://en.-westkueste.de/en/home

交付模式：一次性销售

阶　　段：市场采用（验证阶段）

背景和挑战

　　预计到2050年，全球人口将增至91亿，因此在保护环境的同时提高农作物产量是未来面临的一项重大全球挑战。此外，由于消费率上升，对粮食的需求也将增加。粮食需求的增加导致越来越多化学品的使用，这会对环境产生广泛影响，并威胁全球生物多样性。一种解决方案是采用不使用任何化学品的手工除草管理，但人工劳动成本非常高，同时，越来越难以找到劳动力。

描述

　　智然有限责任和两合公司（Naiture GmbH & Co. KG）开发了一款创新的非化学自动除草机器人系统，该系统具备行间毫米级的精准除草能力。其独特之处在于能够识别并区分胡萝卜或甜菜根，以及杂草，并在移动过程中有效清

©西海岸应用技术大学

除杂草。这项技术为昂贵的手工除草提供了自动化解决方案，使其成为全球各类规模农场的可持续除草管理选择，有助于应对环境挑战和满足日益增长的人口对粮食的需求。受益于图像处理和人工智能领域的创新和快速发展，智然的创新成果如下：

1. 先进的杂草检测算法

该算法能够实时识别并区分杂草与作物，为大面积除草机器人系统提供了高效的目标识别能力。

2. 精密的机械除草技术

实现了毫米级的精确除草，无须使用化学药品，减少了对环境的潜在影响。

系统设计适用于八行操作，但由于其模块化特性，可以灵活适应任何工作宽度。系统的速度可以根据不同的农田条件进行调整，以适应不同的除草需求：

（1）在杂草密集的田地，推荐使用较低的速度，如2千米/时，以确保除草效果。

（2）对于杂草较少或可能需要进行二次处理的田地，可以将速度提至5千米/时，以提高作业效率。

技术

智然（Naiture）这个名字巧妙地融合了"自然（Nature）"和"人工智能（AI）"的概念，象征着人工智能技术在有机农业中的成功应用，实现了农业与现代科技的无缝对接。该系统是一个三种技术融合的产物，结合了人工智能、机器人技术和大数据。系统的核心是深度学习算法，它模仿人脑的处理方式来区分作物（如胡萝卜、甜菜根、菠菜）和杂草。通过利用过去五年收集的丰富数据，人工智能经过训练，能在多变的天气和环境条件下，以高达98%的准确率识别作物和杂草。利用这一先进的人工智能技术，智然的机器人系统能够在完全不使用化学药剂的情况下，以毫米级的精度进行除草作业。无论是针对随机播种的胡萝卜、甜菜根还是其他作物，系统都能精准地进行行间除草。

发展历程与未来规划

2013年，西海岸应用技术大学（Fachhochschule Westküste，简称FHW）启动了一项专注于有机农业的高精度杂草检测项目。在随后的几年中，成功开发并应用了单轨道功能的硬件（机器人）和软件（结合人工智能的控制系统）。2018年，技术进步促使八轨道机器人成功研发。2018年12月，智然公司从西海岸应用技术大学独立出来，这意味着在大学研发的专利技术也被一并收购。自此，智然公司便开始与多个合作伙伴共同推进智能有机农业机器人系统的研发。智然公司的合作伙伴包括罗尔夫·哈赫农业协会（Demeterbetrieb Rolf Hach）和环保协会（Ökoring e.V）。到了2020年，公司对八轨道机器人进行了全面的测试和评估，并与德国的一个主要有机农场建立了合作关系。韦斯特霍夫（Westhof）农场，一个位于大学附近的农业企业，表达了对机器人除草解决方案的需求。自2014年起，该农场就通过提供测试田来支持该项目的发展。智然公司致力于实现以下目标：

- **短期目标**：开发一种创新的非机械除草解决方案，该方案将人工智能技术应用于节能的嵌入式系统中。这一目标旨在实现一个完全由太阳能驱动的操作模式。

- **中期目标**：在成功开发并验证技术可行性后，公司计划将产品推向市场，并探索多样化的商业模式和创新的商业策略。

- **长期目标**：确立智然公司作为生态农业技术创新领域的领导者。公司致力于不断优化其系统，扩展其技术的应用范围，使之不仅适用于有机农业，也能融入传统农业实践。

© 西海岸应用技术大学

© 西海岸应用技术大学

© 西海岸应用技术大学

© 西海岸应用技术大学

类别 3：

农业创新系统与可持续农业—— 农场自动化、机器人、无人机

荣誉提名

充分利用现有设施的智能灌溉系统

荣誉提名

申 请 人：何塞·路易斯·布斯托斯·希门尼斯
（José Luis Bustos Jiménez），布里奥农
业科技有限公司首席执行官

国　　家：西班牙

实施国家：意大利、葡萄牙、西班牙

网　　站：www.brioagro.com

交付模式：常规服务（按使用付费）

阶　　段：已验证（扩大阶段）

背景和挑战

今天的农民在确保粮食安全的同时，面临着保护自然资源和应对水资源短缺的双重挑战。按照传统，农民依赖于基于经验的技术和历史气象数据来规划作物生长周期，这些方法往往缺乏灵活性和实时性。气象站可能远离农田，导致农场缺乏精准的本地数据，这降低了信息的可靠性和准确性。而如今，借助技术，这个问题可得到解决，并且能够帮助农业领域提高竞争力和生产力。我们需要面对的主要农业挑战之一是由气候变化导致的水资源短缺。

我们还需要减少用水量，以及化肥和其他可能污染水源物质的使用。简而言之，布里奥农业系统使农民能够加强对其农田环境的控制，通过节水和节能，显著减少碳足迹以及减少硝酸盐对土壤的影响，来提高可持续发展能力。

©布里奥农业科技有限公司

描述

　　布里奥农业系统项目为欧洲农民提供了一种向负责任、经济高效且资源节约的水资源管理转型的途径，同时赋予他们应对气候变化和水资源短缺的能力。这个智能灌溉平台采用基于传感器（包括现场和卫星传感器）的低成本技术，获取实时数据。土壤湿度校准算法是布里奥农业系统最具创新性的特点，它通过将这些数据与灌溉系统相结合，实现了农作物的自动灌溉，并能精确计算所需水量，有效避免了水资源的浪费。农民可以通过移动应用程序实时接收到可能影响作物安全的警报，从而及时采取应对措施。布里奥农业系统的使用不仅降低了生产损失的风险，还显著提高了作物的产量和质量，平均增产幅度可达10%～20%。作为一个基于信息和通信技术的解决方案，布里奥农业系统能够实时收集和整合土壤和环境数据，如湿度、电导率、温度等。通过智能分析这些汇总数据，布里奥农业系统能够根据不同作物和土壤类型，提供定制化的灌溉和施肥建议，帮助农民做出明智和具有前瞻性的决策。经过在西班牙不同地区的广泛测试，布里奥农业系统已被证明适用于各种灌溉作物，满足从小规模到大规模农业企业的需求。

为了降低成本，布里奥农业科技有限公司推出了租赁服务，特别是在关键的灌溉季节，使得小规模生产者也能负担得起。使用单个传感器与卫星数据相结合，从一个灌溉区域推断出整个农场信息，农民可以以每月100欧元的起步价在欧洲范围内使用布里奥农业科技有限公司的服务，从而实现对整个农场的智能灌溉管理。此外，布里奥农业科技有限公司还开发了一种低成本系统，允许农民利用现有设施进行灌溉，每月只需额外支付35欧元，即可在整个农场部署智能灌溉系统。

技术

主要创新点包括：
- 通过传感器进行系统监控。
- 测量土壤湿度的校准算法。
- 使用多光谱卫星照片。
- 生成三个不同地块的收获预测。
- 使用低成本多光谱相机。
- 监测农作物的生长情况。

发展历程与未来规划

首批原型机在2016年便开始投入运行。至2017年末，这些原型机已成功与智能灌溉算法设备相连接，标志着技术整合的重要里程碑。2018年，项目引入了卫星图像技术，这不仅增强了解决方案的市场竞争力，而且通过使用制导传感器，有效降低了传感器成本。2018—2019年，智能灌溉系统正式推向市场，并开始了市场验证。自2020年第四季度起，布里奥农业系统在得到市场验证的同时，也进入了规模扩张的新阶段，开始拓展至意大利和墨西哥等新的国际市场。至今，布里奥农业科技有限公司已成功安装超过250套设备，主要分布在西班牙，服务于农业食品行业的各类生产者。此外，公司已积累了40多种作物的灌溉管理经验。

©布里奥农业科技有限公司　©布里奥农业科技有限公司

©布里奥农业科技有限公司

©布里奥农业科技有限公司

类别 3：

农业创新系统与可持续农业——农场自动化、机器人、无人机

荣誉提名

巴库斯全电动自主葡萄园机器人

荣誉提名

申 请 人：迈克尔·方塔宁（Michael Fontanin），
　　　　　维蒂机器人（VitiBot）公司首席营销官
国　　家：法国
实施国家：法国
网　　站：www.vitibot.com
交付模式：常规服务
阶　　段：已验证（扩大阶段）

背景和挑战

当今葡萄种植业面临的挑战是多方面的，包括减少农药的使用、保护环境和生物多样性、提高操作人员的安全性以及应对熟练劳动力短缺。

描述

维蒂机器人公司，一家法国工业公司，专注于为自主电动葡萄园机器人市场提供创新技术解决方案。该公司使用最新的技术解决方案来帮助葡萄种植者改善葡萄园的生产状况。维蒂机器人公司的无人驾驶技术不仅应对了当前的环境和经济挑战，而且通过其葡萄园机器人确保了工人的健康、卫生和安全。公司开发了一个多功能平台，能够搭载多种智能电动工具，以适应不同的葡萄园作业需求。维蒂机器人公司的愿景是共同应对可持续葡萄栽培的挑战。该公

©维蒂机器人公司

司致力于设计并生产葡萄园机器人，提供应对当今主要挑战的实用解决方案：提高操作者的安全性，保护葡萄园和生物多样性，减少葡萄种植业对环境造成的影响，从而推动葡萄种植方式朝着可持续方向发展。

　　巴库斯葡萄园机器人能够以可持续的方式应对这些挑战。通过安装电动工具（维蒂机器人创新工具）以及经营者现有的被动式工具，避免使用除草剂。操作者能够通过智能手机监控机器人在葡萄园中的移动，并且在完全安全的情况下将其用于更高级别的任务。最后，创新技术可在葡萄园中规划许多其他应用（例如使用换热板喷洒、添加新工具），而无须对机器人进行重大改造。作为一家工业公司，维蒂机器人公司致力于在全球范围内生产既环保又尊重生物多样性、葡萄藤和人类友好型材料。其80%以上的产品采用法国制造的零部件，以便与服务提供商、供应商和合作伙伴保持密切联系，并减少碳排放。该产品上市已超18个月，合作客户对产品的满意度极高。

技术

巴库斯是一款全电动、自主单轨跨越式葡萄园机器人。它能在操作员的监督下完成葡萄园的大部分耕作任务，减少甚至杜绝农药使用。机器人在地块上可完全自主工作。100%电力驱动系统使其能够穿越困难坡度（高达45°）和复杂坡度（＞20°）的葡萄园。

它工作时非常安静，并且对周围环境很友好。巴库斯可配备一系列电动和被动式工具，这些工具可完全在工具支架杆上进行调节。维蒂机器人公司开发了一系列电动工具，可在葡萄园中进行精准作业，并能以最佳方式保护葡萄藤和幼苗。巴库斯每侧可组合使用两种工具。

发展历程与未来规划

维蒂机器人公司的故事始于2015年，当时启动了赫克托耳（Hector）项目，该项目引起了葡萄栽培界的浓厚兴趣。从那时起，公司经历了许多发展阶段。自2019年起，巴库斯以其原型版机型开始商业化，并自2020年起推出了系列版本，适用于狭窄和半宽的葡萄藤生长模式。其目标是覆盖世界各地的葡萄园。

巴库斯已进入法国各地的大葡萄园（香槟、勃艮第、普罗旺斯、波尔多、卢瓦尔河地区），通过合作客户的广泛反馈，维蒂机器人公司计划进一步开发机器人及新工具、不断提高安全性、引进新作物。此外，国际销售也是短期和中期计划的一部分。

类别 3：

农业创新系统与可持续农业——农场自动化、机器人、无人机

使用无人机投放食虫生物对植物进行生物保护

冠 军

申 请 人：普季岑·瓦西里·尼古拉耶维奇（Ptitsyn Vasily Nikolaevich），飞行与观察农业有限责任公司（Fly and See Agro LLC）总经理

国　　家：俄罗斯

实施国家：俄罗斯

网　　站：www.flyseeagro.com；www.flyseeagro.ru

交付模式：一次性销售（定期维护）

阶　　段：已验证（扩大阶段）

背景和挑战

这项技术有助于在不使用杀虫剂的情况下保护植物免受害虫侵害。害虫不会产生抗药性，农田农药用量减少，并且减缓因使用农药而导致的农田土壤退化。

使用食虫生物控制害虫有助于：

- 减少植物对农药的吸收，从而生产有机农产品。
- 减缓土壤氧化和退化的速度。
- 保护蜜蜂和其他传粉昆虫。
- 减少农业机械的使用及其折旧成本。
- 通过尽量减少农业机械的使用来降低土壤板结程度。

©飞行与观察农业有限责任公司

描述

　　飞行与观察农业有限责任公司为大中型农业企业提供农田植物病害监测和食虫生物施用服务。该项服务还面向同一地区的若干小农户。未来，该项目的目标是生产出低价的无人机，以供农民独立使用。

技术

　　已经开发出两种专用的投放器和投放方法，利用食虫生物来保护裸露在地表上的植物免受害虫侵害。利用无人机投放器投放食虫生物（赤眼蜂、草蛉蛉）或蛹（麦蛾茧蜂）。投放器上装有调节器，以不同模式对不同作物进行投放。此外，还配备了独立的全球定位系统模块，有利于食虫生物的分布。一架配备两名工作人员的无人机在14分钟内可完成20公顷的田间作业，每班次的平均生产效率为700公顷。

飞行与观察农业有限责任公司目前制定的研发方向：

● 开发用于害虫监测的远程控制信息素诱捕器。
● 开发用于无人机的食虫生物分发器。
● 开发适用于空旷地区的经济型无人机。

发展历程与未来规划

该解决方案于2018年完成。在俄罗斯南部克拉斯诺达尔（Krasnodar）地区对各种作物进行试用。从作业区域面积的动态变化可以看出，对该服务的需求正在快速增长：

● 2018年：1 063公顷
● 2019年：5 736公顷
● 2020年：11 834公顷
● 2021年：28 000公顷（预测）

飞行与观察农业有限责任公司已在克拉斯诺达尔、斯塔夫罗波尔（Stavropol）、利佩茨克（Lipetsk）和萨拉托夫（Saratov）等地区对农田的各类农作物进行作业。

2021年的计划包括：

● 在伏尔加河沿岸联邦管区设立代表处。
● 在欧洲（塞尔维亚、瑞士、法国、德国、捷克）展示技术。
● 在拉丁美洲（阿根廷、巴西）展示技术。
● 建设食虫生物工厂。

©飞行与观察农业有限责任公司

©飞行与观察农业有限责任公司　　©飞行与观察农业有限责任公司

类别 4：

农业创新系统与可持续农业——具体解决方案

类别 4：
农业创新系统与可持续农业——具体解决方案

睿保乐奶牛管理系统

获胜者

申 请 人：	鲁迪·埃贝金可（Rudy Ebbekink），睿保乐畜牧管理公司全球市场经理
国　　家：	荷兰
实施国家：	奥地利、白俄罗斯、比利时、保加利亚、克罗地亚、捷克、丹麦、爱沙尼亚、芬兰、法国、德国、匈牙利、爱尔兰、以色列、意大利、哈萨克斯坦、拉脱维亚、立陶宛、卢森堡、荷兰、挪威、波兰、葡萄牙、罗马尼亚、俄罗斯、塞尔维亚、斯洛伐克、斯洛文尼亚、西班牙、瑞典、瑞士、捷克、乌克兰、英国
网　　址：	www.nedap-livestockmanagement.com
交付模式：	一次性交付
阶　　段：	已验证（推广阶段）

背景和挑战

　　全球对于经济实惠的动物蛋白需求的持续增长，为市场带来了巨大的商机。然而，这一趋势也带来了挑战，包括熟练工人的短缺和资源的限制，这些都对生产效率提出了更高的要求。同时，公众对动物福利、可持续性以及生产过程透明度的期望也在不断提升。睿保乐畜牧管理公司致力于通过技术创新帮助农民，使他们能够以盈利且满足消费者需求的方式，应对全球对动物蛋白日益增长的需求。

©睿保乐畜牧管理公司

描述

　　睿保乐畜牧管理公司秉持着"科技助力生活"的理念，即帮助职业农民经营可盈利、可持续且令人愉快的生意。公司开发的技术助力农民实现日常工作的自动化，并根据动物个体识别和相关数据做出明智决策。睿保乐奶牛管理系统利用穿戴式无线精准农业传感器技术，通过在奶牛脖子上或腿上佩戴智能追踪器，电子识别每头奶牛并24小时监控其日常活动、健康状况、繁殖情况和所处位置。

　　睿保乐奶牛管理系统为奶牛和牛群管理提供了详尽而精确的信息，涵盖了奶牛的身心健康、繁殖状态和营养水平。该系统巧妙地将智能追踪器收集的数据转化为实时警报、任务清单、详尽报告以及牛舍畜棚地图，使农民能够通过电脑或移动设备高效地管理牛群。睿保乐奶牛管理系统的主要功能如下：

　　一是健康监测。 智能追踪器全天候监控每头奶牛的饮食、反刍、站立、躺卧、行走和不活跃行为。一旦检测到奶牛行为异常，系统会立即向农场主发送提醒，并将异常奶牛列入待检查列表。智能追踪器的早期预警功能使农场主能够在问题恶化前2～3天发现奶牛的异常行为，从而及时采取治疗措施，这不仅有助于改善奶牛的健康状况，延长牛群寿命，提升动物福利，还显著减少了抗生素的使用。通过监测牛群行为，饲养人员可以洞察奶牛的日常活动规律，优化饲料使用，提高奶牛的舒适度。

二是繁殖管理。睿保乐奶牛管理系统确保奶牛以可持续的方式进行繁殖。智能追踪器能够自动检测奶牛的发情周期和最佳授精时机，使奶牛在自然状态下受孕，无须依赖激素。这种方法不仅减少了激素的使用，提升了动物福利，还显著提高了繁殖效率。自动发情鉴定、健康监测和定位功能大大减少了完成这些任务所需的时间和劳动力。睿保乐奶牛管理系统通过智能化管理，为奶牛养殖业带来了革命性的改变，提高了生产效率，同时确保了动物的健康和福利。

技术

在创新方面，睿保乐畜牧管理公司是该行业的领跑者，尤其是在奶牛识别和监测领域。睿保乐奶牛管理系统技术先进，同时易于安装、使用、整合和普及。智能追踪器配备了最先进的加速度计，此外，该系统还采用射频识别和超高频数据通信等技术。历经数年，睿保乐奶牛管理系统使用人工智能实现各项功能，已开发出完全专注奶牛行为的智能算法，提供准确、全面且具针对性的奶牛和种群信息。在奶牛定位功能方面，睿保乐畜牧管理公司开发了一种独特的技术。最新增加的增强现实技术，通过佩戴微软全息眼镜，农民可看到睿保乐奶牛管理系统中的相关数据和分析报告浮于每头奶牛上方，并能与数据互动。这项技术在农业行业内外赢得了多项享有盛誉的创新奖。

发展历程与未来规划

睿保乐奶牛管理系统作为技术解决方案不断迭代更新。20世纪90年代中期，睿保乐畜牧管理公司开发了第一个电子识别奶牛并检测发情期的智能追踪器。多年来，通过在原有传感器中添加健康监测、组监测和奶牛定位功能，其硬件和软件得到进一步提升。自20世纪90年代以来，该系统成功在全球各地的奶牛养殖场投入使用。该公司成为奶牛识别和监测技术的领跑供应商，未来它将根据用户和行业需求以及（新）技术能力，不断更新和强化功能。

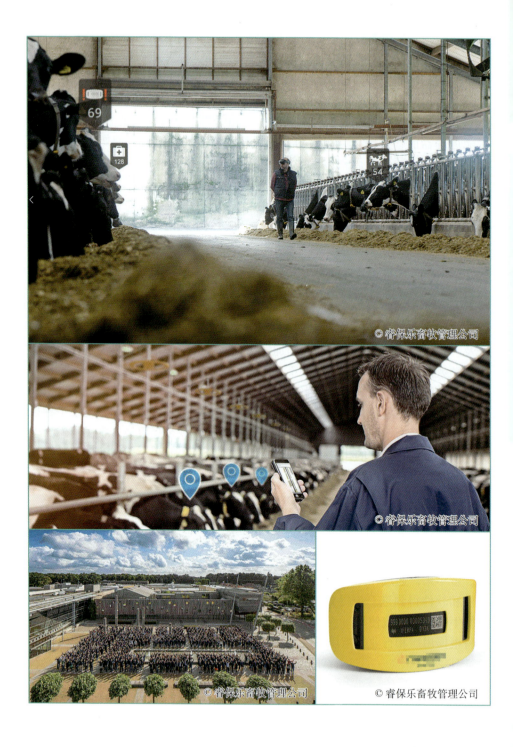

© 睿保乐畜牧管理公司

© 睿保乐畜牧管理公司

© 睿保乐畜牧管理公司

© 睿保乐畜牧管理公司

类别4：
农业创新系统与可持续农业——具体解决方案

蜂业书

荣誉提名

申 请 人：伊奥达奇·波格丹·斯泰利安（Iordache Bogdan-Stelian），蜂业书有限责任公司创始人及首席执行官
国　　家：罗马尼亚
实施情况：月全球活跃用户达22 000个
网　　址：www.apiarybook.com
交付模式：免费和收费
阶　　段：已验证（推广阶段）

背景和挑战

　　蜂业书有限责任公司将养蜂人视为保护地球蜜蜂使命的第一道防线，其使命是通过提供一个完整的平台，帮助全球养蜂人应对现代养蜂业的挑战。该平台支持基于养蜂行业所有利益相关方（养蜂人、协会、农民、兽医、研究人员和监管机构）共同定义的最佳实践，进行数据收集与分析。为应对现代养蜂业面临的挑战，我们需要：

● 提高蜜蜂相关常识水平。
● 增强对蜜蜂健康威胁因素的认识。
● 推广全套良好管理做法。
● 促进养蜂人之间的沟通。

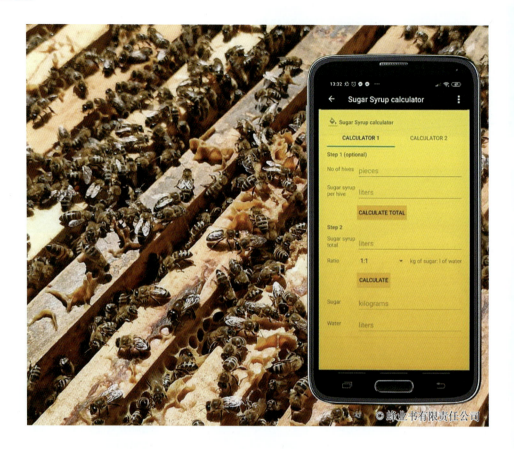

©蜂业书有限责任公司

描述

　　蜂业书系统旨在帮助全世界养蜂人根据历史数据、当前环境和最佳做法做出更明智的决策，以最大限度减少蜂群损失并提高生产效率。该系统为蜂场管理（针对智能手机、平板电脑、电脑等不同设备开发相应的应用程序）、蜂箱监控（远程物联网传感器）和数据分析（决策系统、大数据）提供一套完整的解决方案。

1. 蜂场管理

　　蜂业书系统支持记录蜂场蜂群数量、健康与养护情况、活动情况、检查及治疗情况和其他操作。根据记录，养蜂人能够即时获取有用信息和分析结果，检查每个蜂箱的过往记录，据此决定放缓或推进工作进度。通过创新技术，如二维码、近场通信标签、语音助手、免提功能或离线存储等，安卓版蜂业书支持用户即使在蜂场工作时也能直接使用智能手机识别蜂箱，分析其历史数据并记录蜜蜂族群信息。电脑或笔记本用户可以通过网页版蜂业书便捷访问管理数据、相关报告、数据分析和基于最佳做法的推荐方案。

2. 蜂箱监控

养蜂场感应系统（Apiary Sense）是一个远程蜂箱监控硬件系统，可自动提供蜂群状态信息。该系统具有以下特点：

- 根据蜂箱尺寸配备传感器——测量内外部湿度、温度。
- 自动发电——使用电池和太阳能电池板。
- 无线传输数据——通用分组无线业务。

3. 分析决策系统

支撑养蜂人做出更加明智的决策，将依托养蜂最佳做法库对收集到的所有数据进行分析。分析结果可以呈现给个体养蜂人或来自同一地区的养蜂人群体。该系统可以提供实用信息、发展趋势并生成报告，可用于环境或食品安全评估项目。

4. 协作平台

养蜂场消息系统（Apiary Inform）为养蜂协会提供管理和通信方案。养蜂人直接通过电子邮件或手机（应用内通知、短信）接收养蜂新闻、最佳做法、病虫害警报、事件详情和其他信息。

5. 报告工具

养蜂场报告系统（Apiary Report）是旨在记录蜂群信息、助力早期发现影响蜂群健康因素的平台，也是将养蜂人、农场主以及地方管理部门连接起来的宝贵工具。

6. 学院

养蜂学院（Apiary Academy）是一个电子学习平台，能够帮助世界各地的养蜂人应对现代养蜂业所面临的挑战，旨在帮助养蜂人增加养蜂常识，增强对影响蜜蜂健康因素的认识，推广全套良好的管理做法，促进养蜂人之间的沟通。

7. 社区

社区支持系统（Community Support）通过提供实际支持，如辅导项目，提升养蜂人专业储备，并使养蜂人能够获取世界各地专业知识和最佳做法；提供交流工具，使养蜂人能够互相交流，并获得宝贵意见；为教师和学生提供教育项目；支持认领蜂箱和其他功能。

8. 市场

养蜂市场（Apiary Marketplace）是一个综合商业销售平台，提供企业对企业和企业对消费者（B2C）的交易服务。该平台专注于蜂产品的商业化销售，包括各种养蜂用品和设备等。

发展历程与未来规划

　　蜂业书系统备受全球养蜂人的欢迎，是面向养蜂场的最复杂且完备的解决方案（下载量超过160 000次，月活跃用户超过22 000人）。该系统主要通过口碑打造品牌，发展潜力巨大，全球仍有很多养蜂人还未发现此解决方案，例如，法国仅有5%的养蜂人下载了这款应用软件。

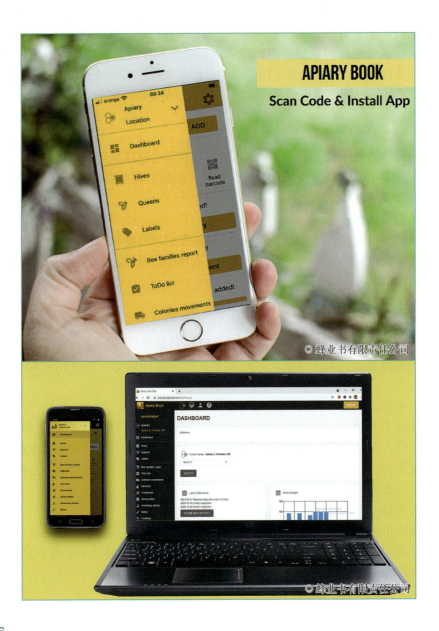

©蜂业书有限责任公司

©蜂业书有限责任公司

类别 4：

农业创新系统与可持续农业——具体解决方案

荣誉提名

蜂巢科技

荣誉提名

申 请 人：尼科洛·卡兰德里（Niccolò Calandri），
三蜂有限责任公司（3Bee Srl）执行总
裁及联合创始人
国　　家：意大利
实施国家：意大利
网　　址：https://3bee.com
交付模式：一次性交付
阶　　段：完成验证（推广阶段）

背景和挑战

　　蜜蜂具有极高的价值，对人类生活至关重要。就农业产量而言，全球75%的作物由蜜蜂授粉，这些作物产出90%的食物。然而，蜜蜂正逐渐消亡。自2006年以来，欧洲国家的蜜蜂死亡率达到了26.5%。尤其在意大利，蜜蜂死亡率高达40%～50%。蜜蜂的死亡与以下几个因素有关：
- 杀虫剂（大量使用，严重危害蜜蜂）。
- 致病菌（兽药不足，养蜂人对药物使用不当）。
- 养蜂实操（养蜂人缺乏培训，存在蜜蜂迷巢或治疗不当等失误操作）。

　　养蜂人的操作水平决定了蜜蜂的生存情况，而如今养蜂人在自身经济可持续方面正面临着重大困难。

© 三蜂有限责任公司

描述

三蜂公司构建了由人工智能算法驱动的定制化物联网监测系统。其核心业务以"蜜蜂项目"为代表，助力蜜蜂生存、发挥养蜂人的作用并保障其工作，从更广泛的角度说，推动可持续发展。三蜂公司构建了以养蜂人为中心的商业模式，并提供了以下解决方案：

1. 企业对企业（B2B）

蜂巢科技是一款创新性的、数据驱动的决策支持系统，它基于自主研发的人工智能算法，旨在实现优化养蜂管理。将设备置于蜂箱下，可评估蜂群活动状态，以及重量变化、温度、湿度和空气质量等参数。它相当于养蜂人的虚拟助手，确保工作舒适度和管理效率，提高生产力。

2. 企业对客户（B2C）

"认领一个蜂巢"为安装了蜂巢科技的养蜂用户与愿意支持生物多样性的终端消费者提供联系渠道。消费者可选择养蜂人、具体蜂蜜品种以及他们感兴趣的认领计划。认领的蜂巢能由消费者操控，并可以通过应用程序监控蜂巢状态，收获相应的蜂蜜。

3. 企业

"为地球授粉"是一个企业的社会责任项目，通过该项目，三蜂公司助力大、中、小型企业发展具有积极社会和环境影响的项目。通过保护蜜蜂、赋能养蜂人以及为客户提供切实成果，使生态系统切实受益。

产品通过免费增值模式进行商业化运营。客户购买设备后，可选择基本服务（简单数据传输）或高级服务（整套升级服务）。实践证明，通过使用该技术，蜜蜂的死亡率降低20%，生产力提高30%。

技术

面向养蜂人的三蜂技术，即蜂巢科技，是一款创新性的、数据驱动的决策支持系统，它基于自主研发的人工智能算法。具体来说，它由置于蜂巢下方的2个铝制型材和置于蜂巢内部的1个小型仿生传感器组成。此外，它可与其他配件成套出售或单独出售，如太阳能电池板或全球定位系统传感器，这些配件能够支持实现其他附加服务。传感器采集的参数通过全球移动通信系统（GSM）网络传入云端。数据通过人工智能算法处理，虚拟助手向养蜂人就如何及时实施集中干预提供建议，比只遵循养蜂日历的标准化方法更高效。该系统的移动应用程序兼容苹果和安卓系统，通过高级用户界面和用户体验使操作更便捷。

发展历程与未来规划

三蜂公司诞生于2016年12月，当时两位创始人尼科洛·卡兰德里（Niccolò Calandri）和瑞卡多·巴尔扎瑞迪（Riccardo Balzaretti）融合了其在电子学和生物学方面的背景，为养蜂人面临的问题找到了解决方案。经过一年不懈地开发，初代蜂巢科技于2017年底在意大利上市。在2019年，公司迎来了创业转折点，当时售出的设备数量达500台，而且在8月底还推出了"认领一个蜂巢"项目。总体来说，该项目包含1.4万名用户，并且用户数量正在迅速增加。三蜂公司推出了一款兼容苹果和安卓系统的移动应用程序，以改善用户界面和用户体验。目前，三蜂这家初创公司已为近1 300名养蜂人提供了2 000台设备，这些养蜂人大部分来自意大利，三蜂公司目前已开始了国际化进程。

©三蜂有限责任公司

©三蜂有限责任公司

类别 4:

农业创新系统与可持续农业——具体解决方案

爱蜂

冠　军
申 请 人: 伊丽莎白·科切维赫（Elizabeth Kochevykh），益创新公司产品经理
国　　家: 乌克兰
实施国家: 白俄罗斯、波兰、摩尔多瓦和乌克兰
网　　址: www.i-bee.net/en
APP
苹　　果: apps.apple.com/ua/app/i-bee/id144254 8233?l=ru
安　　卓: play.google.com/store/apps/details?id= www.i_bee.net&hl=uk
交付模式: 付费和收费（一次性交付、常规服务）
阶　　段: 已验证（推广阶段）

背景和挑战

　　近年来，田间喷洒农药以及天气和蜂巢内微气候突变导致蜜蜂大量死亡是养蜂业面临的主要问题。蜜蜂被认为是地球上最重要的生物，因此，对蜜蜂生命活动状态的持续管理和监测是一项极其重要的工作。在爱蜂系统的帮助下，养蜂人通过专用设备和安装了相关应用程序的智能手机，便可全面管理蜂场。

91

©三蜂有限责任公司

描述

　　该系统为养蜂人面临的所有问题提供解决方案，包括对通常远离养蜂人居住地的养蜂场进行常规检查的需求、追踪记录导致蜜蜂生病或死亡的湿度和温度突变、及时应对声音变化以及在蜂群中毒、育雏期和分蜂期及时开展营救。蜂箱重量持续变化表明需要抽出蜂蜜或更换巢框，重量没有增长时需要移动蜂房位置。在冬季，重量测量还能反映喂养需求，避免蜜蜂死亡或过早飞出。爱蜂系统遵循养蜂基本规则：尽量避免干扰蜜蜂及其生命活动。爱蜂系统配有免费的养蜂人日记功能，紧急情况下可在最短时间内通过应用程序接收推送通知。爱蜂系统面向不同受众群体，客户包括拥有至少5个蜂箱的蜂农、游牧养蜂场、拥有至少200个蜂箱的产业型养蜂场，以及拥有自己的养蜂场并将其用于农田授粉和采蜜的农庄。蜂农使用该系统更多是为了其安全防护功能，并通过在线数据分析及时做出决策。

技术

　　该系统由专用传感器和软件组成。在养蜂场安装爱蜂中心基站（i-bee HUB），通过全球移动通信系统（GSM）或无线网络（WiFi）将养蜂场的状态数据传输到服务器。基站由220伏电源或太阳能电池板供电，可连接多种气象传感器，能够显示降水、空气温度和湿度。蜂箱上安装多个爱蜂蜂巢传感器，可保持箱内恒温恒湿、调节箱内嗡鸣声、监测蜂箱重量，并在箱体坠落、倾斜或被盗时发挥保护功能。此外，可根据需要将入口处为蜜蜂计数的外部传感器连接至蜂巢传感器。移动应用程序能在苹果和安卓智能手机上安装，可显示服务器收集的所有数据。养蜂人可随时远程实时监控蜂场和蜂箱状态，蜂箱的数据每30分钟更新一次，可通过获取蜂箱重量的数据控制收蜜时间。养蜂人也能全年掌握蜂箱内温度和湿度数据，据此决定是否需要保温或通风。箱内声音信息可让养蜂人了解蜂王育雏情况和分蜂过程。爱蜂计数（i-bee COUNTER）传感器是养蜂人不可或缺的工具，能为授粉发挥作用。

发展历程与未来规划

　　IT创新公司自2018年起开发爱蜂项目。项目启动前，公司与经验丰富的养蜂人进行了一系列磋商，并开展了一系列实验来验证其构想。他们在养蜂场的几个蜂箱中实地测试了第一批设备样品，并设计出在移动应用程序上显示数据的技术及逻辑。2019年，公司完成首笔订单，用户为必要的功能扩展提供了大量反馈，也认可该系统的重要性。2020年，IT创新公司向养蜂人定期销售设备，并在波兰研究机构和乌克兰大型农业公司（Kernel 和 Continental Farmers）开展了多个旨在控制授粉的试点项目。此后，他们进一步改进了移动应用程序和数据逻辑。2021年，IT创新公司收到大量来自产业型养蜂场和游牧养蜂场的预订单。2020年11月，据农业极客（Aggeek）门户网站显示，IT创新公司成为乌克兰最佳农业初创企业。2021年，IT创新公司计划发布用于声音分析和蜜蜂状态预测的自动算法，并批量生产蜜蜂计数传感器。公司计划在未来一段时间通过波兰市场加强其在欧洲的影响力，并开拓北美和澳大利亚销售市场。

类别 5：

农业创新系统与可持续农业
——农场管理互联系统

类别 5：

农业创新系统与可持续农业
——农场管理互联系统

爱格瑞维农场管理软件

获胜者

申 请 人：安妮塔·弗拉伊斯力可（Anita Flajslik），
　　　　　爱格瑞维有限责任公司高级市场总监
国　　家：克罗地亚
实施国家：波斯尼亚和黑塞哥维那、保加利亚、克
　　　　　罗地亚、匈牙利、北马其顿、波兰、葡
　　　　　萄牙、罗马尼亚、塞尔维亚、斯洛文尼
　　　　　亚、西班牙、英国
网　　址：www.agrivi.com
应用程序：https://app.agrivi.com
交付模式：常规服务
阶　　段：完成验证（推广阶段）

背景和挑战

　　数字化解决方案爱格瑞维农场管理软件对农民助益良多，能帮其规避一年中可能经历的三重损失。第一重损失发生在生产计划阶段。不了解关于土壤质量和作物实际需求的准确数据，就无法以最佳方式计算当季所需投入。第二重损失发生在作物生长期间，对耕作时机把握不当为主要因素。每年作物病虫害后期防治造成产量降低20%～40%，而这只是其中一个影响因素。第三重损失发生在销售阶段，作物价格取决于质量及食品安全保障能力。直接向农民采购的消费者和零售商对于食品溯源的需求都在增长。农民需要出示农产品的种植时间和地点、加工方式以及营养价值。没有各个生产阶段的数字化就无法清楚地展示这些信息。

© 爱格瑞维有限责任公司

描述

    爱格瑞维农场管理软件使农业生产数字化，帮助农民规避农业生产中潜在的三重损失，成效可观，农民收益增加，生活质量提升。爱格瑞维农场管理软件通过向农民提供有关农业的良好做法，协助农民掌握农场实时状态，帮助他们及时做出合理决策，采取预防措施以消除低产风险，并采取相应措施提高产量。在服务全球市场方面，爱格瑞维农场管理软件具有全面精细的本地化功能，支持多种语言、计量单位和货币，还能提供适配当地数据库的算法和智能分析，数据库包括病虫害、作物保护产品和肥料成分等的详细信息。爱格瑞维农场管理软件的独特性在于以下多功能组合：

- 功能完备的农场管理软件，涵盖农艺和农业商务两方面，支持种植者实现经济和环境可持续发展。
- 为价值链利益相关者和种植者提供协作功能。

- 为种植者推送农艺知识库，该库基于大数据分析持续更新，通过分析种植者数据，明确最佳生产力驱动因素，并将分析情况推送给所有种植者。
- 对每种作物、品种和田地的农业生产进行透彻分析（产量分析、利润分析、成本分析）。
- 预测分析功能，如害虫警报可提醒种植者及时保护作物，天气警报可减轻恶劣天气影响，以及制定定期活动计划，如告知何时适合施肥、喷施农药等。
- 网页和移动应用程序皆提供用户友好且本地化的用户界面，支持离线模式，便于偏远地区的种植者使用。

技术

爱格瑞维农场管理软件以软件即服务的商业模式向客户交付基于云计算的解决方案。客户通过网址www.agrivi.com访问平台，为满足特定的企业安全政策，爱格瑞维农场管理软件也可以部署到客户的基础设施中。其强大的分析功能帮助农民根据数据做决策，也助力投入品制造商、食品加工企业、银行、保险公司、发展组织等价值链利益相关者与种植者合作，提供农艺指导与建议，帮助种植者提高效率，确保其农产品的可追溯性，并保障农业生态系统的可持续性。

发展历程与未来规划

爱格瑞维有限责任公司自2013年成立以来，其解决方案已在市场上推出8年之久。公司专注于与大型种植者建立直接合作关系，并通过价值链拓展至中小型种植者。爱格瑞维有限责任公司为农业价值链中的关键参与者提供专业支持，包括怡颗莓（Driscoll's）、雀巢、金佰利克拉克、世界银行、法国巴黎银行、瑞士国际合作协会（Helvetas）以及克罗地亚农业部等。公司的农场管理平台现已发展至成熟阶段，能够满足全球农业食品行业领先企业的需求。随着业务的成熟，爱格瑞维有限责任公司目前的主要目标是扩大其市场规模。公司服务的客户遍布100多个国家，其中欧洲和美国是主要的客户来源地。在产品创新上，爱格瑞维有限责任公司致力于开发基于人工智能的分析工具、自动化数据收集技术以及符合食品安全、质量和可持续性标准的预测功能。

Full transparency of agricultural produce

© 爱格瑞维有限责任公司

© 爱格瑞维有限责任公司

© 爱格瑞维有限责任公司

© 爱格瑞维有限责任公司

类别 5：
农业创新系统与可持续农业
——农场管理互联系统

荣誉提名

农库平台

荣誉提名

申 请 人：	安德莉娅·克鲁恰尼（Andrea Cruciani），农库有限责任公司首席执行官
国 家：	意大利
实施国家：	阿尔巴尼亚、奥地利、法国、德国、希腊、匈牙利、以色列、意大利、荷兰、波兰、葡萄牙、摩尔多瓦、罗马尼亚、塞尔维亚、西班牙、土耳其、英国
网 址：	www.agricolus.com
交付模式：	免费和收费
阶 段：	已验证（扩大阶段）

背景和挑战

　　农库有限责任公司希望通过实施精准农业技术推动经济生态转型。目前，仅有10%的欧洲农民采用机械化方法来实现高质高效可持续农业生产。技术采用率的提升将促进农业市场稳定，为农民提供一种适应气候变化的工具。

描述

　　农库平台是一个云平台，用户可通过创建账户直接从网页端访问。平台由以下精准农业的主要应用程序组成：

- 地理定位的野外绘图（地理信息系统技术）。
- 植被指数（生长活力、水分胁迫、叶绿素含量）由农库团队根据卫星图像（所使用的卫星包括陆地卫星 8 号、哨兵 2 号，空客斯波特 6 号，昂宿星卫

©农库有限责任公司

星也即将投入使用）进行详细分析得出。

- 运用自主研发算法构建的物候、灌溉、病虫害预测模型。
- 使用移动应用程序进行作物跟踪。
- 任务管理。
- 施肥处方图。

　　农库平台以其独特的兼容性和易用性而著称，能够无缝整合不同来源的数据，为农民提供全面的决策支持系统。该平台致力于帮助那些迫切需要提升生产力和增加收入的农民，同时应对粮食需求的增长，减少农业对环境的负面影响，防止荒漠化，保护生物多样性，维护生态平衡。农库平台通过集成卫星图像、预测模型和智能监测技术，实现对农田的持续和全面监控。它能够监测和预防气候灾害、病虫害和作物疾病，促进农业的健康发展，同时实现对环境影响的最小化。此外，农库平台还能及时检测和预警可能危害作物的病虫害，提供解决方案，以最大程度地减少对环境的破坏。农库平台不仅助力农业生产者在保护环境、节约水资源和减少污染物质使用方面取得进展（例如肥料使用量可降低40%），还支持实现可持续发展目标。为了使更多的农业生产者受益，免费农库（Agricolus Free）作为平台的免费版本，允许用户永久免费管理最多10公顷的土地。

该平台的核心优势在于助力小规模农户迈出农业数字化的关键一步。通过使用陆地卫星8号的高分辨率成像技术，农民能够每15天获取一次空间分辨率为30米的数据，监测植被生长状况和水分状况，包括获取归一化植被指数（NDVI）和归一化水分指数等关键指标。这些数据帮助农民绘制详尽的田间地图，实时查看天气预报，并利用移动应用程序记录和管理所有农业活动，同时方便查阅相关数据。

技术

农库平台是一个易于访问的云平台，用户只需创建一个账户即可通过网络直接登录。它融合了多项尖端农业创新技术：

- 利用地理信息系统技术［由美国环境系统研究所（Esri）提供服务］，农民可以对农田进行地理定位并记录关键信息，实现田间测绘的精确化。
- 通过利用农库团队的卫星成像技术（数据来源于哥白尼公司和空客），农民能够远程评估作物的生长状况和健康指标，如植被指数，从而高效规划必要的田间管理措施。
- 物候、灌溉和病虫害预测模型（采用基于机器学习的专利算法开发），使农民能够及时应对病虫害威胁，同时优化水资源、肥料和植物保护产品的使用，减少浪费。
- 通过农库农人（Agricolus Farmer）移动应用程序的智能侦察功能，农民可以直接地理定位并记录进行农事操作的具体地块。
- 利用植被指数生成的施肥处方图使农民将肥料的使用量减少至恰当范围。

发展历程与未来规划

自2018年推出以来，农库平台的服务不断改进和升级。免费农库版本为用户提供免费管理最多10公顷土地的服务。同时，针对不同农民和机构的多样化需求，平台提供了丰富的套餐供选择。目前，农库平台支持6种语言，服务来自56个国家的超过4 000个用户，并在全球四大洲拥有33个合作伙伴。农库学院（Agricolus Academy）模块通过提供农业创新技术的培训，已经成功为1 065名专业人员颁发了认证证书。面对新冠疫情的挑战，农库有限责任公司积极采取行动，组织了免费的智能农业网络研讨会，并向农民提供了为期3个月的农库套餐服务。平台致力于根据农民的反馈和需求不断添加新功能，以提升用户体验。该公司希望通过这些举措，吸引更多的人加入农库学院的免费网络研讨会，进一步增强其在欧洲市场的影响力。

© 农库有限责任公司

类别 5：

农业创新系统与可持续农业
——农场管理互联系统

荣誉提名

x农场平台

荣誉提名

申 请 人：	里卡尔多·戴·纳达依（Riccardo De Nadai），x农场公司内容营销经理
国 家：	意大利
实施国家：	阿尔巴尼亚、奥地利、比利时、保加利亚、智利、哥伦比亚、哥斯达黎加、克罗地亚、捷克、法国、德国、希腊、匈牙利、意大利、摩洛哥、荷兰、波兰、葡萄牙、摩尔多瓦、罗马尼亚、圣马力诺、斯洛文尼亚、西班牙、瑞士、土耳其、乌克兰、英国、美国
网 址：	https://xfarm.ag
应用程序：	https://cdn.xfarm.ag/install-app/index.html
交付模式：	免费和收费
阶 段：	已验证（扩大阶段）

背景和挑战

当前，农民在经营过程中遭遇多重挑战。除了日常的农业劳作外，他们还需应对日益增多的法规合规和认证要求，同时消费者对食品来源的透明度和可追溯性的要求也在不断提高。这些挑战归根结底都指向一个关键问题：农民对数据的掌握和应用。

©x农场公司

描述

　　x农场平台由农民自主开发，致力于将农业带入数字化新时代。它通过简化数据收集和分析流程，有效减轻了农民的文书工作负担，同时提高了工作效率与可持续性。x农场平台的架构基于免费的云农场管理软件、物联网现场传感器以及一系列优质服务。它整合了来自传感器、农业机械和现场记录的数据，为农民提供决策支持。该平台的应用程序已被翻译成6种语言，并且提供免费版本，使其能够满足不同规模和发展前景的农场的需求。

　　确切而言，x农场平台提供400种作物的数据，可在不同设备上使用，其可塑性强，能够在世界各地推广，仅需连入互联网便能下载应用程序。付费模块的高级版本价格极具竞争力，农民能够负担得起。传感器等硬件也具有较强的可塑性，并且能满足小农户的需求。x农场致力于打造的不是针对每项功能的最佳解决方案，而是创建一个适合各类农场（无论规模大小）的数字化平台，这些农场往往无力购买某些工具。x农场公司相信，大众化技术对于推动数字化进程是必要的，这是其为农业食品领域带来的最重要的创新。借助x农场平台可以实现以下目标：

● 通过土壤湿度传感器以可持续的方式管理水资源，该传感器将数据发送至应用程序，当达到适宜灌溉的时刻时，应用程序会发出警报，这样可减少

30%的用水量。

- 通过预测模块预防疾病，使农药使用量减少10%。
- 通过遥感和化肥施肥处方地图，使化肥使用量减少15%。

技术

x农场平台是一个全能工作平台。

- 一款综合性的农场管理软件，它通过优化数据管理流程，以简洁明了的操作界面，快速生成当前农业经营所需的各类文档。这款软件聚焦农业管理痛点，旨在协助农民高效管理农场。
- 物联网传感器（xSense）采集本地田间数据，并利用这些数据实现多项功能，能够实时为用户提供信息并发出警报，同时也为x农场内部数据库提供数据支持。这对于提前预判植物可能出现的病害、节省灌溉用水以及减少农药使用至关重要。所有这些功能都通过一款操作简单且颇具吸引力的软件来实现，该软件将数据输入所需的点击次数降至最低。
- 区块链提高了所有田间操作的透明度和可溯源性。
- 云计算支持用户访问数据，提升了操作的敏捷性和灵活性。
- 遥感技术使农民能够通过智能手机获取大量宝贵的实地数据，例如植被指数。该技术使农民在不同时段、不同指标下比较相同或不同农田的数据成为可能。此外，平台生成的施肥处方地图可支持变量施肥。

发展历程与未来规划

该平台的测试版于2018年1—12月开发，此后重点聚焦于物联网传感器的开发，在2020年则着重开发高级功能部分。同年，x农场推出多个付费模块，例如卫星模块（通过卫星监视田地）、遥测模块（监测拖拉机的遥测数据）、财务模块（查询支出）等。在成就方面，2020年，x农场的用户数量从4 000人增长至30 000人。如今，约有32 000名农民通过x农场使其农场数字化，这无疑是最显著的成果。x农场在社交网络上拥有5 000名脸书（Facebook）粉丝、3 000名照片墙（Instagram）粉丝以及3 000名领英（LinkedIn）粉丝。其中期规划是：提升服务、开发新产品、扩大用户群体并打入欧洲以及其他地区，尤其是地中海地区市场，长期目标是成为全球领先的农场管理平台，并成为农业食品体系中溯源功能的主要推动力量。

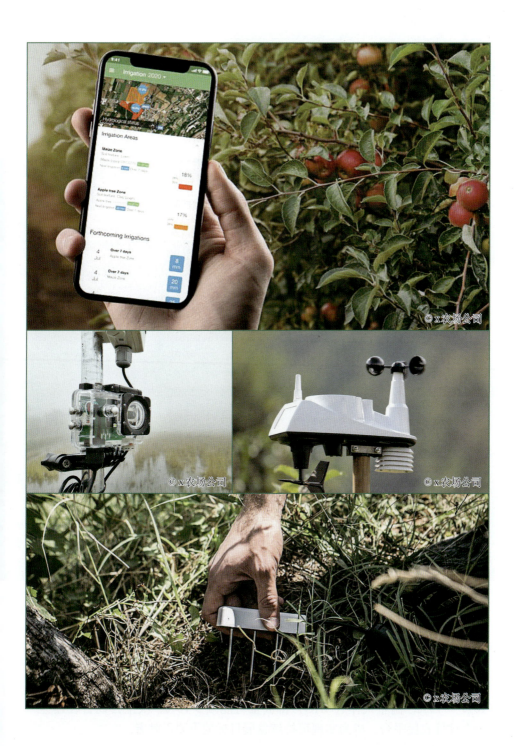

农业创新系统与可持续农业
——农场管理互联系统

沃土——精准农业应用程序

冠 军

申 请 人：拉达·克利门托（Rada Klimenko），沃土公司业务拓展主管
国 家：白俄罗斯、瑞士
实施国家：阿尔巴尼亚、安道尔、亚美尼亚、奥地利、阿塞拜疆、白俄罗斯、比利时、波斯尼亚和黑塞哥维那、保加利亚、克罗地亚、捷克、丹麦、爱沙尼亚、芬兰、法国、德国、希腊、匈牙利、爱尔兰、以色列、意大利、哈萨克斯坦、拉脱维亚、立陶宛、黑山、荷兰、挪威、波兰、葡萄牙、摩尔多瓦、罗马尼亚、俄罗斯、塞尔维亚、斯洛伐克、斯洛文尼亚、西班牙、瑞士、土耳其、乌克兰、英国
网 址：https://onesoil.ai
应用程序：https://app.onesoil.ai
交付模式：免费使用
阶 段：已验证（扩大阶段）

背景和挑战

据世界经济论坛报告，如果2030年采用精准农业技术的农场达15%～25%，那么对产量和环境产生的影响将十分显著。全球农作物产量可增加10%～15%，温室气体（GHG）排放量可能减少10%。沃土公司旨在建立一个全球性农民平台，成为实现可持续发展目标的重要贡献者。

©沃土公司

描述

由44人组成的沃土团队利用卫星成像、机器学习算法和大数据分析，开发免费的沃土网页版应用程序和移动应用程序，为农民提供田间监测、作物勘察和天气预报等服务。

对于高级用户和经验丰富的用户，沃土网页版应用程序支持农业设备数据可视化和种子、化肥变量施用功能，并支持不同品牌农业设备之间相互操作。农民可将不同类型的文件上传至系统，还能下载适用于多种品牌机载计算机的任务文件。沃土的化肥变量施用技术和区域生产力计算能力帮助农民优化投入品使用，改进那些会导致土壤贫瘠、水土流失和污染地下水的不可持续的农事操作方式。沃土勘察应用程序提供远程作物勘察功能，使农民能够精准识别田间问题区域，并分区域使用杀虫剂或其他化学品，避免污染其他土壤。其主要功能如下：

- 使用人工智能和卫星成像自动检测农田边界，简化了用户的使用入门流程。
- 归一化植被指数能在数秒内计算得出，节省了作物勘察和农田监测所耗费的时间和精力。
- 所有农田的作物数据、播种和收获日期、产量以及作物生长阶段等信息数据都能轻松记录。
- 快速计算不同区域的生产力，帮助使用者掌握长势最好和最差的地块。
- 只需轻点几下鼠标，便能自动创建变量播种与施肥应用地图。
- 标记农田问题区域，简化作物勘察程序。
- 未来五天天气预报有利于安排田间工作。
- 喷药时间功能帮助选择给作物喷药的最佳时机。
- 积温天数和累计降水图表有助于预测作物的生长阶段并规划田间工作。
- 可视化机载计算机数据可帮助检查田间操作的准确性。

　　沃土精准农业应用程序面向全球范围内拥有2公顷及以上田地的农民，使农业技术便捷化，并能够免费使用。其自动农田边界识别功能适用于0.5公顷及以上的土地。

技术

　　沃土精准农业应用程序使用人工智能和卫星成像检测农田边界，极大简化了用户的操作流程。农民无须乘坐配备全球定位系统的全地形车（ATV）环绕农田一圈，也无须聘请第三方公司。沃土精准农业应用程序计算归一化植被指数只需数秒，并能通过卫星成像分析植物长势，减轻农民田间勘察工作量。通过明确区域生产力，沃土精准农业应用程序可创建变量播种与施肥应用地图，帮助农民计算变量施肥所需的氮、磷、钾，并能一键生成机载计算机的指令文件。

发展历程与未来规划

　　沃土公司源于乌谢瓦拉德·赫宁（Usevalad Henin）和斯拉瓦·马扎伊（Slava Mazai）的一个构想，他们共同创建了沃土公司。2014年，二人相识于明斯克。起初，他们为农民提供定制服务。斯拉瓦通过无人机拍摄照片，尤瑟夫拉德则根据其分析制作化肥变量施用地图。2016年，萨莎·雅科夫列夫（Sasha Yakovlev）加入团队，开始使用机器学习算法处理田间数据，并将公司规模扩大到6人。2017年底，公司获得首轮投资，提升了团队工作效率，免费沃土精准农业应用程序应运而生，并于2018年夏季正式对外发布。

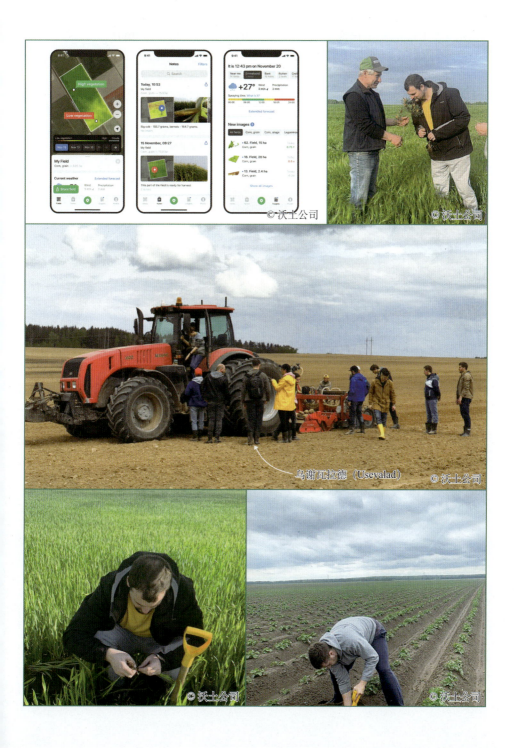

乌谢瓦拉德（Usevalad）

© 沃土公司

© 沃土公司

© 沃土公司

© 沃土公司

© 沃土公司

类别 6：

灾害风险管理和预警系统

类别 6：

灾害风险管理和预警系统

利用人工智能进行病虫害预测

获胜者

申 请 人：戈列德·佩索（Goried Pessl），佩索仪器有限责任公司首席执行官

国　　家：奥地利

实施国家：阿尔巴尼亚、安道尔、亚美尼亚、奥地利、阿塞拜疆、白俄罗斯、比利时、波斯尼亚和黑塞哥维那、保加利亚、克罗地亚、塞浦路斯、捷克、丹麦、爱沙尼亚、芬兰、法国、格鲁吉亚、德国、希腊、匈牙利、爱尔兰、以色列、意大利、哈萨克斯坦、拉脱维亚、列支敦士登、立陶宛、卢森堡、马耳他、黑山、荷兰、北马其顿、挪威、波兰、葡萄牙、摩尔多瓦、罗马尼亚、俄罗斯、塞尔维亚、斯洛伐克、斯洛文尼亚、西班牙、瑞典、瑞士、塔吉克斯坦、土耳其、土库曼斯坦、乌克兰、英国、乌兹别克斯坦

网　　址：www.metos.at

交付模式：定期服务（咨询服务的一部分）

阶　　段：已验证（扩大阶段）

©佩索仪器有限责任公司

背景和挑战

农业行业对天气的依赖度极高，因此获取实时、精确、可靠的气象信息对于作物管理与生产至关重要。我们无法控制天气，但可以控制应对天气的方式。这涉及何时播种、收割、喷洒农药和灌溉等。通过采用觅拓思（METOS）的先进解决方案，农民可以更明智地规划和执行这些活动。在过去的20年里，农业发展日新月异，飞速发展的农业技术预计在未来几年内，将继续对农业产生深远的影响。其中，农业物联网技术因其能够同时监控多个方面而变得尤为关键。

描述

田间气候（FieldClimate）是一种植物病害模型，具备全球虫害预测功能，还能提供实时气象数据以及基于云端的病虫害预测模型。借助"只在需要时喷药与灌溉"这项技术，农民能够获得更多田间天气信息，从而减少农药用量，节约成本，保护环境。一些病害难以控制，杀菌剂的使用时间至关重要，超过80种作物病害通过适时使用杀菌剂便可得到有效控制。觅拓思在遵守法规的前提下，帮助全球种植户减少农药使用，在保护环境的同时使作物茁壮成长。众多农户可共享数据，成本低廉。这种商业模式被称为云计算服务模式，也称为数据即服务（DaaS），对小农户大有裨益。这种新方式还将确保佩索仪器有限责任公司通过数据即服务合约为当地带来长期效益。

技术

i觅拓思（iMETOS）是一套完整的解决方案，包括环境监测、创建病害模型、监测土壤湿度和昆虫飞行等功能，也是一个耐用且灵活的数据记录仪，适用于所有气候条件，并配备可充电电池和太阳能电池板。数据记录仪内置调制解调器，可与田间气候平台直接通信，并可通过智能传感器总线系统处理多达600个传感器数据。i觅拓思的系统具有非易失性内存，可存储（约1个月内）高达8兆日志数据，十分可靠。i觅拓思还可发送短信警报（用户通过互联网自定义），在霜冻、大雨、高温等情况下提醒用户。数据定期上传至田间气候平台，用户可以随时随地访问实时数据。除了访问历史数据和每日土壤水分蒸发蒸腾总量等数值，用户还可利用天气预报、病害模型和灌溉管理等决策支持系统。

发展历程与未来规划

佩索仪器有限责任公司创立36年以来，已在全球建立了70 000个基站，并不断更新提升，拥有超35年提供决策支持工具的经验。i觅拓思品牌旗下的一系列无线、太阳能供电的监测系统和在线平台田间气候，皆适用于所有气候区以及多种行业，从农业到高尔夫球运动、景观设计、智慧城市、动物福利、科研、水文学、气象学、洪水预警等。多年来，i觅拓思已在当地支持下成为一个全球品牌，几乎覆盖全球每一个角落。耐用的高精度技术和世界各地经验丰富的合作伙伴的支持是成功的秘诀。佩索仪器有限责任公司的全球化体现在i觅拓思全球日活跃用户达20万人，公司期望到2025年用户量跃升至2亿。

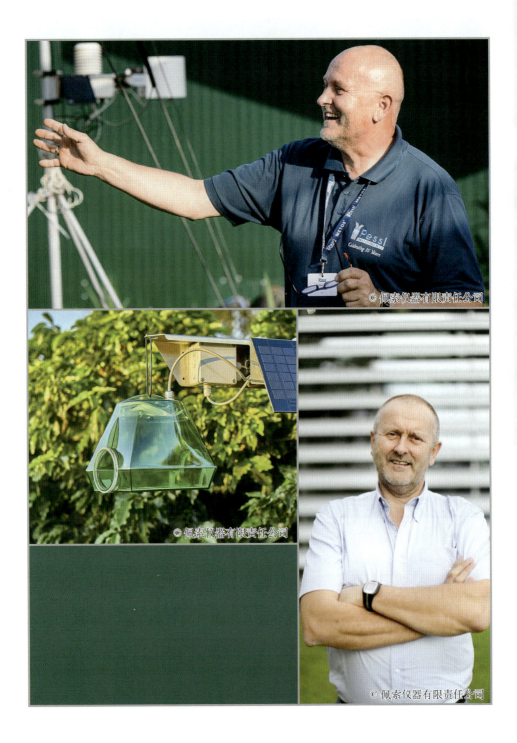

© 佩索仪器有限责任公司

© 佩索仪器有限责任公司

© 佩索仪器有限责任公司

威普斯

荣誉提名

申 请 人：贝里特·诺德斯科格（Berit Nordskog），挪威生物经济研究所（Norwegian Institute of Bioeconomy Research, NIBIO）研究员兼威普斯项目负责人

国　　家：挪威

实施国家：波斯尼亚和黑塞哥维那、挪威、瑞典

网　　址：www.nibio.no

应用程序：www.vips-landbruk.no/

交付模式：免费和收费（开源，社区方法）

阶　　段：已验证（扩大阶段）

背景和挑战

　　与当地需求相关的病虫害模型可以轻松集成到威普斯系统中。威普斯系统采用开源许可，允许用户根据本地特定的农业条件和需求，对系统进行定制和调整。这使得用户能够在本地或其他地区使用、测试并验证这些模型，或者作为国际网络的一部分进行这些操作，并最终通过相同的系统将模型直接提供给终端用户。威普斯系统的可持续性得益于其双重优势：一方面，系统的研究推动了技术进步；另一方面，系统的设计不断优化，以适应并满足不同地区用户的具体需求。

描述

　　威普斯是一个开源技术平台，致力于对农作物病虫害综合治理（IPM）进

©挪威生物经济研究所

行预测、监测并提供决策支持。挪威的威普斯网站（www.vips-landbruk.no）由挪威生物经济研究所与挪威农业推广服务局的专家团队共同研发和管理。该平台的创建初衷是满足挪威农业顾问和农民在病虫害综合治理方面的需求。威普斯网站作为一个在线工具，专注于病虫害综合治理的两大核心原则：一是提供有效的监测工具；二是设定决策阈值。

　　威普斯系统提供的服务涵盖了针对挪威农业中最重要的病虫害的风险模型和早期预警，目标作物包括谷物、苹果和大田蔬菜。农业顾问会向系统报告对病虫害的观测情况，既包括对模型的输入数据，也包括病虫害观测报告。该网站展示了一张地图，模型输出结果与地理位置相关联，并用交通信号灯的颜色（红色、黄色、绿色）来显示风险警报，以表明是否需要采取进一步行动。系统中还提供了与每个病虫害风险模型相关的风险等级的更多详细信息。自2001年以来，病虫害预警信息对挪威农民和农业顾问开放且免费提供，这些信息来自于一个由80多个气象站组成的网络。通过将私人气象站与系统相连，还可添加更多的观测点。

威普斯系统在设计时充分考虑了灵活性，旨在创建新的、更完善的工具，以便在国际范围内更好地实施病虫害综合治理。威普斯网站允许进行本地化调整，包括多语言支持、整合模型以及其他服务。这为方便国际应用的定制化操作开辟了道路。另外，模型输出结果视图可整合到现有网站上，或发布到智能手机和平板电脑上。网站系统可整合大多数在线气象站、公共气象数据网络及天气预报的数据，支持在本地环境下，凭借多元数据输入对病虫害模型展开测试与验证。可轻松报告病虫害观测结果，并可通过在线地图直观呈现。

技术

威普斯平台的设计理念是构建一个适于国际使用和合作的应用平台。该平台的开源代码（https://gitlab.nibio.no/VIPS）允许用户根据当地需求进行调整和修改。任何与该系统相关的模型或对系统的修正都可以在平台上实施，并与全球的威普斯用户共享。所有模型都应开放，以便与系统的其他用户共享。不过，根据模型的所有权情况，某些模型可能不适用开源规则，使用这些模型的用户可能需要支付版税。

发展历程与未来规划

威普斯网站，源自挪威的农业技术平台，自2001年起便开始在线服务。2013、2015年，挪威与波斯尼亚和黑塞哥维那合作的项目促成了威普斯新版本的技术升级，新平台在2014年完成构建，并在波斯尼亚和黑塞哥维那成功进行了测试。自2016年起，瑞典农业委员会利用威普斯平台为国内马铃薯疫病提供风险预警服务。同年，针对挪威用户的新版威普斯网站也正式发布。

威普斯网站的国际版正在开发中，旨在服务欧盟和非洲地区。挪威生物经济研究所计划开展国际研究合作，以更新和完善各类工具，从而更好地实施病虫害综合治理。威普斯网站还参与了对非洲草地贪夜蛾的防治工作，其部分功能已集成在草地贪夜蛾监测和预警系统的移动应用程序中，通过该程序能够获取实时天气数据。

目前，威普斯正在进行调整，以适应在马里、尼日尔以及印度等国的应用推广，并尝试与现有或在开发中的咨询应用工具进行整合。挪威生物经济研究所为威普斯设定的中期目标是将其与其他病虫害综合治理工具（包括诊断、鉴定、监测和建议等）整合，形成一个多功能、高效的通用模型。此外，威普斯还得到联合国数字公共产品联盟（https://digitalpublicgoods.net）的提名。

© 挪威生物经济研究所

© 挪威生物经济研究所

© 挪威生物经济研究所

类别 6：
灾害风险管理和预警系统

森禾智感——精准农业天气解决方案

荣誉提名	
申 请 人：	让娜·隆格维尔（Jeanne Longueville），森禾智感公司市场专员
国　　家：	法国
实施国家：	奥地利、比利时、捷克、丹麦、芬兰、法国、德国、匈牙利、爱尔兰、意大利、卢森堡、毛里求斯、荷兰、葡萄牙、罗马尼亚、南非、西班牙、瑞典、瑞士、乌克兰、英国
网　　址：	https://sencrop.com
交付模式：	常规服务
阶　　段：	已验证（扩大阶段）

背景和挑战

　　森禾智感正积极拥抱两大趋势，这两个趋势将在中期对农业产生深远影响。首先，农业数字化为农民带来了显著好处。通过实时获取和轻松解读本地数据，农民现在能够远程查看并测绘自己的土地，这大大减少了实地考察所需的时间。各应用程序之间互联互通的提高，使设置警报和执行分析变得更加简单快捷。此外，合作社技术员、农业顾问和农民之间的沟通也日益数字化，这促进了田间数据的有效交流，为农户提供了及时的病虫害防治和植物保护建议。其次，从作为推动因素之一的精准农业可以看到，农民已准备好响应农业环境转型。他们站在热爱和保护土地的最前线，渴望获得更多工具来帮助其参与生态农业革命，并从中获益。

121

© 森禾智感公司

描述

　　森禾智感致力于通过收集农业气象数据，开发互联互通且用户友好的解决方案，推动精准农业监测技术的普及。公司的目标是创新更精准、高效、环保的农业技术，实现大规模应用，以支持可持续的农业实践。森禾智感的雨量计、风速计和湿度传感器安装简便，可轻松与专为农民和葡萄种植者设计的应用程序相连，用户界面友好，使得专业人士能够轻松地随时随地访问其土地的详细微气象数据，实现全天候监控。用户能够实时访问数据，通过自定义警报系统获取最佳干预时间，并在病害或霜冻发生时进行干预。森禾智感系统可智能计算积水情况，并记录温度和寒冷时间，为农民提供雨后处理的依据和物候学状态预测功能。气候数据能够以多种格式导出并永久保存。一个森禾智感基站的成本约为500欧元，包括所有相关支出。此外，森禾智感不仅是一个监测工具，还是一个协作平台，允许农民互相帮助，共享知识。在欧洲，森禾智感拥有庞大的网络，并提供79欧元起的年度订阅服务，使会员能够访问邻近农场的本地气象数据。借助这一种创新系统，农民不仅能够更高效地管理农场，同时还能释放出更多时间来享受日常生活。

技术

森禾智感充分利用物联网和移动无线电话系统（0G）在互联互通方面的优势，以推动农业发展。在研发农业气象传感器时，森禾智感致力于打造一个既可靠又稳定的数据收集与传输系统。该系统应具备低能耗特性，能在广大农村地区实现广泛覆盖，并且在保证实时气象数据传输的同时，实现成本效益最大化。

- 雨量传感（Raincrop）配备了先进的双槽旋转系统，以确保累积降雨量的精确测量。结合三个传感器的协同工作，它能够同时监测温度和湿度，从而提供更为精确和可靠的气象数据，有效避免长时间测量中可能产生的误差累积现象。
- 风量传感（Windcrop）是一个独立的传感器，确保提供稳定的自由读数，包括平均风速和阵风风速等数据。
- 叶片传感（Leafcrop）可模拟真实叶片，置于植物冠层中心，直接测量叶片的湿度、温度和空气状况。此外，另有3个温度和空气湿度传感器被安置在周边区域，用于监测当地的气候条件。

雨量和叶片传感器数据传输频率为每15分钟一次，风传感器为每20分钟一次。归功于低电耗技术，法国全球网络运营商赛狐的0G网络已自动运转数年。

发展历程与未来规划

森禾智感公司成立于2016年，并与尤尼尔（Uneal）农业合作社（位于法国北部）建立了首个合作伙伴关系。2017年，森禾智感公司凭借其具备互联特性的雨量计和风速计赢得了"农业机械展——SIMA"创新奖。2018年，森禾智感公司在英国和西班牙开展专项销售业务。截至目前，森禾智感公司已售出的基站数量累计达3 422个。2019年，森禾智感公司凭借其第三代基站（叶片传感）在"（法国国际葡萄与农业展）SIVAL创新大赛"上再次获奖。同年，森禾智感公司开始为大型机构建立私人网络。2020年，这家初创公司终于确立了在欧洲互联式气象站领域的领导地位，并收购了竞争对手微茵（Visio-Green）。现在，它拥有15 000多个农业数据点和75名员工。森禾智感公司的中期目标是进一步扩大其在欧洲其他国家的市场份额。2023年，森禾智感公司将通过技术革新优化现有站点，并推出一款全新的第四代传感器。

© 森禾智感公司

冠军

阿格罗网络——可持续农业数字平台

冠 军

申 请 人：森卡·加伊诺夫（Senka Gajinov），多瑙
河网络公司数字农业解决方案产品经理
国　　家：塞尔维亚
实施国家：格鲁吉亚、黑山、塞尔维亚、斯洛文尼亚
网　　址：https://dunavnet.eu
交付模式：常规服务
阶　　段：已验证（扩大阶段）

背景和挑战

随着全球人口的持续增长，消费者重点需求的变化给食品工业带来了前
所未有的挑战。要在不破坏土地和自然资源，同时保障动物福利的前提下，满
足人类的食品需求，必须依赖现代技术，即将物联网和人工智能的发展进步与
行业专业知识相结合。通过将物联网和人工智能的发展与专业知识相结合，我
们可以更有效地应对这些挑战。通过自动优化投入品和资源利用，对农场活动
进行全面管理，从而引入可持续农业实践，最终实现作物优质化，并降低对环
境的负面影响。

描述

在一个充满活力的生态系统中，凭借着开发者的热情，阿格罗网络应运

125

©多瑙河网络公司

而生。这是一个极具创新性的模块化开放式智能农业平台，能够为农民提供全方位的服务支持。充当农场数据互操作枢纽，并内置功能强大的数据分析模块。若要引入阿格罗网络，首要任务便是根据客户的具体需求和当地的通信基础设施，选择并安装合适的设备。

多瑙河网络公司通过精心集成多个来自不同供应商的硬件组件，实现了卓越的性价比。这些组件收集到的数据上传至云端后，用户可以在阿格罗网络的网页界面和移动应用程序中查看数据的可视化展示和专家模块的分析结果。该系统结合了嵌入式专家模块和现场测量结果，能够自动生成待开展农事活动指令。在果园以及耕种作物的田地中安装的气象站，用于监测关键环境参数，如空气温度和湿度、降水量、风速和风向、太阳辐射等，为病虫害的防控提供决策支持。特定的环境参数，例如空气温度和湿度以及叶片湿度，被用于构建病虫害预测模型，这些模型能够精准提供关于杀虫剂使用时机和种类信息，以预防疾病传播和害虫数量失控。针对果园、蔬菜种植和大田作物生产的具体需求，阿格罗网络提供了定制解决方案。通过利用丰富的可用数据构建农场运营的综合视图，平台克服了因不同供应商设备而导致的数据碎片化问题，进而提供了一系列专家级的数据分析服务，旨在为农民提供即时的指导和支持，实现农事活动的高级自动化，并节省劳动力。

技术

阿格罗网络是一个全面的智能农业平台，集成了先进的传感器套件、多种通信功能的数据记录器、强大的数据分析模块、一体化的农场管理可视化界面，以及一个安全、可靠且可扩展的云基础设施。该平台的运作融合了尖端技术，包括传感器技术、物联网和机器学习，以及深厚的农业行业经验，能够根据作物种类、生长状况和气候条件提供具有针对性的建议和指导。阿格罗网络不仅能实现简单的数据可视化，它还扮演着农业顾问的角色。当监测到关键事件或新的耕作阶段开始时，平台能够提供专业建议、发送通知和警报。利用物联网和机器学习技术，平台采用专门的数据分析算法，成为农场数据交换的核心枢纽。通过收集数据、记录和整合历史活动信息，并提供给农产品供应链中的其他参与者，阿格罗网络提高了信息透明度。

发展历程与未来规划

阿格罗网络背后拥有一支强大的合作伙伴团队，其中包括：

多瑙河网络公司：负责设计和开发这一创新解决方案。

诺维萨德大学农学院（University of Novi Sad Faculty of Agriculture）：提供宝贵的行业专业知识和支持。

阿格罗作物保护公司（Agroprotekt）：作为一家专业的作物保护咨询服务公司，不仅提供专业领域的知识，还为解决方案的销售和推广提供渠道。

现代农业生产强调利用基于信息和通信技术的智能技术。至关重要的是，生产者需要充分理解这些技术所带来的所有益处。在技术应用的早期阶段，持续的支持和指导是必不可少的。要简化解决方案，即从基础、易于理解的方案入手，相比从一开始就采用完备的解决方案，则是一种更为明智的策略。

©乡路河网络公司

类别 7：

食物损失和浪费、食品安全和溯源

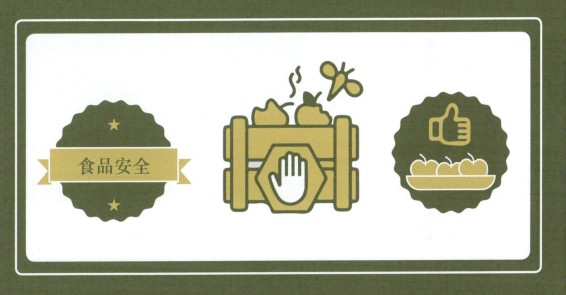

类别 7：
食物损失和浪费、食品安全和溯源

奥利欧

获胜者

申 请 人：	特莎·克拉克（Tessa Clarke），奥利欧交流有限公司（OLIO Exchange Limited）联合创始人兼首席执行官
国　　家：	英国
实施国家：	爱尔兰、荷兰、瑞典、英国
网　　址：	https://olioex.com
交付模式：	免费使用
阶　　段：	已验证（扩大阶段）

背景和挑战

　　奥利欧是针对家庭和社区食物浪费问题的解决方案。每年全世界生产的食物中有1/3被丢弃，其价值超1万亿美元。与此同时，8亿人正处于饥饿状态，如果西方国家能减少其食物浪费的四分之一，省下的食物足以养活这些饥饿人口。如果把所有食物浪费计算在一个国家，那它将是继美国和中国之后的第三大温室气体排放国。展望未来，到2050年，地球上将新增22亿人口。根据粮农组织的数据，全球粮食产量需提高60%才能养活全部人口。迄今为止，解决家庭食物浪费的方法主要为增强意识与提高教育水平。然而，当前所采取的措施成效有限。在发达国家，一半的食物浪费情况发生在家庭之中，然而长期以来，除了将浪费的食物扔进垃圾箱之外，就没有其他的解决方式了。奥利欧应用程序是解决这一最紧迫问题的开创性解决方案。

130

©奥利欧交流有限公司

描述

奥利欧是解决家庭和社区食物浪费问题的点对点应用程序。据估计，在全球范围内，家庭丢弃的食物价值超过1 000亿美元，生产这些食物需要大量资源，并经由高碳排放的供应链运输，对环境产生了毁灭性影响。奥利欧通过连接用户、志愿者与当地企业，使多余的食物能够被赠送出去，而不是被丢弃来解决食物浪费问题。用户只需拍摄多余食物的照片并将其添加到应用程序中，邻居便会收到自定义提醒，知晓有新的食物可以领取。邻居可以申请想要的食物，并通过应用程序内的私信功能进行沟通以领取食物。食物通常在发布当天便可移交，移交地点多为家门口或公共场所。奥利欧是一家营利性公司，通过向商家提供收费服务助其实现零食物浪费的目标。这是一个拥有40名员工的团队，使用远程+线下办公模式，资金来源于风险投资、影响力投资、收入和拨款等。奥利欧致力于通过数字技术减少家庭食物浪费，同时它还带来了一系列积极的次级效应：缓解食物匮乏问题以及增强社区层面的社会凝聚力。奥利欧模式的卓越之处在于其高效地解决了食物浪费问题，并且其解决方案具有极高的普及性，易于被广泛采纳。

技术

奥利欧技术由几个部分组成，包含两个由React Native和Ruby on Rails构建的移动应用程序（苹果版本和安卓版本），是用户赠送和领取多余食物的主要途径。多余食物来自家庭（常规用户）或当地企业（通过"节约食物英雄-志愿者"板块）。奥利欧还有一个网页应用程序，保障没有智能手机的人也能使用。这款产品结合了尖端技术与行为科学，鼓励用户与邻居分享食物，同样重要的是，这种分享行为能够长期持续下去。奥利欧还建立了一个独立的系统来支持其"节约食物英雄计划"（志愿者从当地商家处收集未售出的食物，通过应用程序进行再分配）。该系统通过其创新的专利技术，将先进的食品安全管理系统与用户界面相结合。志愿者可以通过这个平台认领和管理食物收集任务，同时系统还能自动生成符合付费客户和食品安全法规要求的报告和合规性文件。最后，奥利欧已成功验证了全球首个实时纵向食物匮乏数据库的概念可行性。这个数据库以街道级的精确度显示食品短缺区域，使地方政府能够准确衡量食物匮乏的程度和位置，并评估其针对性干预措施的长期效果。

发展历程与未来规划

自2016年在英国成立以来，奥利欧已经吸引了超过270万名会员，并成功节省了1 100万份食物，这一成果相当于减少了4 828万千米的汽车行驶里程所产生的环境影响。应用程序中添加的食物有一半在30分钟内就被申领，充分证明了奥利欧作为超本地化食物再分配平台的高效性。尽管起源于英国，但奥利欧25%的活动已经扩展至全球，目前已在54个国家构建起食物共享网络。这样的国际扩张离不开6万余名积极推广的形象大使和1万名受过培训的志愿者，这些志愿者被称为节约食物英雄，他们与特易购（Tesco）、培特·曼乔简餐（Pret a Manger）和金巴斯集团（Compass Catering）等本地企业合作，收集并重新分配未售出的食物，有效减少了食物浪费。

© 奥利欧交流有限公司

© 奥利欧交流有限公司

© 奥利欧交流有限公司

© 奥利欧交流有限公司

荣誉提名

由区块链提供支持的实时数字化食品供应链审核

荣誉提名

申请人：萨曼莎·加登（Samantha Gadenne），
　　　　可连食品公司全球销售总监
国　家：法国
实施国家：数个欧洲国家和东南亚国家
网　址：https://connecting-food.com
交付模式：常规服务
阶　段：已验证（扩大阶段）

背景和挑战

从播种到收获，从加工到包装，从托盘化物流到货架，一种食品经常在人手之间、机器之间流转，过程中的每一次交易都被该平台实时记录。

描述

可连食品提供数字化透明的解决方案，为农业食品企业创造价值，让消费者重拾对食品的信心。它提高了食品链的溯源、食品安全和消费者透明度，同时减少了食物浪费。其目标包括三个方面：第一，为所有食品链参与者提供端到端的供应链溯源服务；第二，利用新技术帮助食品链参与者识别问题并实时做出决策；第三，让食品链参与者能够对消费者日益增长的食品来源与制作方式透明化等需求做出回应。

©可连食品公司

短期内，客户通过实现供应链的端到端溯源，将标准化数据聚合到一个安全的集中式平台，从而能够迅速响应消费者对产品来源透明和质量证明的需求。从长期来看，通过实现供应链数字化并利用实时数据做出决策，进一步提高了供应链的效率。此外，LiveAudit®模块能够在生产过程中实时监测并提醒潜在的不合规产品，避免了入库后的滞后性问题。

可连食品的创始人坚定地支持性别平等，并将其作为员工招聘的标准之一，确保男女员工比例的平衡。他们相信，通过这些措施，他们的解决方案能够积极地支持联合国的可持续发展目标，特别是第1、2、3、9、10、11和12项，涵盖了贫困、饥饿、健康、工业、创新、减少不平等、可持续城市和社区、负责任消费和生产以及伙伴关系等方面。

技术

可连食品平台由区块链技术驱动，特别采用了LiveAudit®这一完全数字化的审计模块。该技术不仅对每一笔交易进行认证，还以一种不可篡改的方式记录了交易信息。可连食品选择在其区块链建设上使用业界广泛认可的企业级解决方案——超级账本架构（Hyperledger Fabric）。

超级账本架构是一种私有且基于权限的区块链框架，它允许可连食品与其他区块链参与者共享节点，同时保持数据的隐私性。这种设计允许网络中的每个参与者根据需要选择性地共享信息，同时保护敏感数据，如客户信息和价格等不被泄露。超级账本架构得到了Linux基金会的大力支持。

LiveAudit®模块通过实时追踪产品的供应链，提供全面的溯源和质量审核功能。它确保了对消费者的每一个承诺都能得到履行。LiveAudit®的应用范围覆盖了食品行业的整个供应链，能够对原材料、半成品以及成品的所有规格进行验证。与传统的质量控制方法不同，LiveAudit®能够利用数据进行持续的实时监控，而不是仅依赖于偶尔的现场检查来抽查评估产品质量。

发展历程与未来规划

2016—2017年，可连食品迎来了首批员工，他们共同努力实现自主开发，并在首批客户中部署了平台。公司加入了法国最大的农业技术协会La Ferme Digitale，并在意大利最大零售商库珀连锁超市（Coop Italia）发起的创新竞标中胜出，为其有机鸡蛋提供溯源服务。2019年，可连食品迈出了重要的发展步伐，拓展了15个新客户，并为他们的产品提供了端到端的溯源服务。这项技术得以在多个食品供应链中推广，公司也招募了更多的开发人员、销售人员和农业工程师，以扩大团队规模，支持公司的快速发展。2020年，公司的一个重要项目——可连食品社区发布，它汇集了致力于提高农产品行业透明度的先驱。在2019年，即使处于新冠疫情期间，公司仍完成了新一轮融资，成功筹集了超过500万欧元的资金（约合人民币3 940万元）。这笔资金对公司的技术和商业发展至关重要，帮助其在欧洲乃至全球的食品透明度市场中保持了领先地位。

©可连食品公司

©可连食品公司

©可连食品公司

©可连食品公司

类别 7：
食物损失和浪费、食品安全和溯源

荣誉提名

农民专家平台

荣誉提名

申 请 人：	阿卜杜拉·达维多夫（Abdula Davudov），农民专家平台首席运营官
国 家：	土耳其
实施国家：	土耳其
网 址：	www.farmerexpert.com/en
交付模式：	免费使用（常规服务、部分咨询服务）
阶 段：	已验证（扩大阶段）

背景和挑战

　　农民专家平台致力于创建一个全面的入口，让农民、客户和第三方能够访问包括价格、地理位置等在内的所有关键信息，并享受平台提供的多样化功能。平台正在开发一项通信服务，集成短信功能，以促进农民之间的交流，并开设一个供所有农民沟通的聊天模块。此外，平台还计划增加一个经纪人模块，允许客户直接向农民预购农产品，并根据需求提供价格匹配服务。农民专家平台的愿景是，向全球农民免费提供所有技术，打造一个全球性系统平台。

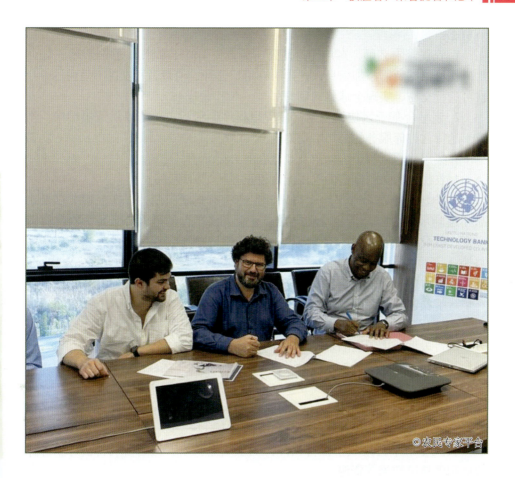

描述

　　农民专家平台不仅是一个普通的平台提供商，它还提供了一套技术基础设施，使各类企业能够在供应链的任何环节补充所需的信息技术。这不仅增强了供应链的可追溯性，还实现了对整个供应链的全面控制。消费者关心所消费食品的可追溯性，并希望以透明的方式了解产品的历史信息。

　　农民专家平台的基础设施采用区块链技术，利用该技术实现的供应链溯源为其在市场中应对竞争对手和消费者提供了极具价值的公关潜力。用户现在能够实时追踪产品在供应链中的每一个环节，以及它们所耗费的时间，从而评估并选择最佳的备选方案，优化采购流程。农民专家平台支持用户在数秒内查看产品从田间到成为消费品的整个生命周期，提供了详尽的细节。可详细朔源过程使零售商能够仅从所需供应商处快速补货。作为一个免费的服务平台，农民专家平台将农业业务的各方紧密联系起来，汇集所有公司于一处，提供了以下功能：

1. 农民、农艺师、客户、物流公司免费注册（正在添加更多模块），任何用户都可根据所需添加信息，并向所有用户公开。消费者和农民不需通过中介便可进行交易，实现全球化的目的。

2. 该平台基于区块链构建，其应用程序编程接口可与提供卫星图像、物流、送货上门等服务的公司实现集成。

3. 集成化肥、种子、幼苗及其他农业必需品的供应商。

4. 农民专家平台制造的农用无人机正在测试阶段。

5. 构建一个综合性平台，将果汁生产、有机肥料制造、产品罐装以及次品和过剩水果收购等企业与农户紧密连接。该平台的最终愿景是为农民打造一个一体化的解决方案，使他们能够无门槛地享受到现代技术带来的便利和益处。

该平台向所有农民提供免费注册服务，未注册的农民用户也能免费使用。它整合了农艺师、客户、支付系统、物流等关键要素，覆盖了从种子到消费者的整个流程。平台为农民提供了种植高品质农产品所需的全部资源及溯源服务。平台最近新增了次品果专区，以及由工厂负责收集农业废弃物的功能。该平台基于先进的区块链技术构建而成，通过应用程序编程接口连通卫星成像等多家公司。

技术

农民专家平台集成了银行软件、卫星成像技术、快递公司、会计软件供应商和区块链数据等资源。

发展历程与未来规划

虽然该公司成立于2018年，但其相关工作早在2014年就已经开始。平台计划在未来数月内推出一系列新功能，包括二维码支付等，这些新增功能目前尚未在网站上公布。农民专家平台始终致力于通过不断更新功能提升用户体验，未来计划包括为农民引入法律咨询模块、测试无人机技术以及提供更多样化的支付解决方案。值得一提的是，该公司是土耳其唯一一家与联合国最不发达国家技术银行签署合作协议的公司，旨在使最不发达国家也能利用这项技术。乌干达已成为首个应用该技术的国家，标志着这一合作的开始。

©农民专家平台

©农民专家平台

©农民专家平台

类别 7：
食物损失和浪费、食品安全和溯源

比奥森霉菌检测

冠 军

申 请 人：安德烈·卡皮乌基（Andrii Karpiuk），比奥森公司执行总裁
国　　家：乌克兰
实施国家：波兰、乌克兰
网　　址：https://sens.bio
交付模式：常规服务（部分咨询服务）
阶　　段：市场适应阶段（验证阶段）

背景和挑战

　　霉菌毒素是某些霉菌自然产生的有毒化合物。它们是农业中一个重要的食品安全问题，影响着全球25%的粮食供应，每年造成的粮食损失达10亿吨。受污染的食品和饲料产品对人类健康构成了重大威胁。虽然霉菌毒素可能在价值链的任何环节出现，但市场参与者无法在现场快速检测霉菌毒素含量，并获取准确可靠的定量结果以防止未来的损失。比奥森（BIOsens）快速霉菌毒素检测和预测工具致力于解决重要的全球食品安全问题，即人类健康损害和经济成本方面的问题。

© 比奥森公司

描述

　　为帮助行业参与者保持食品和饲料的持续高质量和高度安全水平，比奥森开发了一个精确、便携且能快速检测霉菌毒素的装置——霉菌毒素预测工具（Mycotoxin Prediction Tool）。从农场到餐桌，比奥森可帮助用户降低霉菌毒素污染的风险，避免相关损失。其独特新颖的专有解决方案首次提供了自动化样本制备方法（例如玉米、小麦等植物样本），并可在21分钟内分析霉菌毒素含量。

　　此装置架构上的突破使自动化样品制备成为可能。实地检测可达实验室准确度，但样品分析时间与实验室相比缩短了数十倍。由于比奥森检测可由非专业人员进行，因此市场参与者可轻松操作，降低了昂贵的实验室服务成本。此外，比奥森方案基于人工智能软件，可以预测霉菌毒素污染区域，因此，农业市场参与者（例如农民）就可以预防作物被污染。

技术

　　从技术方面来说，比奥森方案由两部分组成：

（1）一种独特的硬件解决方案——一个尺寸为40厘米×25厘米×15厘米的便携式机电装置，配备一次性试剂盒，以及一套开发好的软件解决方案。

（2）一个移动应用程序和网络平台，可安全存储数据、分析数据，并通过人工智能算法进行预测。

该设备独特的结构使其能够在短短21分钟内完成整个霉菌毒素检测过程，与现有解决方案相比，大大减少了食品分析所需的时间。该设备既能进行定性分析（即产品是否含有霉菌毒素），也能进行定量分析（即产品中霉菌毒素的含量）。比奥森检测设备可自动完成农作物分析全流程：

（1）取样和研磨。

（2）样本制备。

（3）分析集成荧光计并进行测量。传感器检测分析物在特定光谱范围内的荧光信号。

（4）结果输出屏幕显示定性和定量结果，并传输到用户的网页平台与移动应用程序上。

比奥森霉菌毒素检测方案的软件由移动应用程序及网页平台组成。移动应用程序旨在存储分析结果和测试过程中的其他细节信息。为给客户提供更高价值，比奥森团队在一个独特的霉菌毒素预测功能上加装了警报系统，用户可以根据先进的机器学习方法预防作物大规模污染。所有传输到移动应用程序或网页平台的数据都通过机器学习方法进行分析，以提高预测准确性。

发展历程与未来规划

比奥森团队从2016年开始研发这款设备，尝试了不同的方法和原型设计。最终，为了验证当前设备技术并展示其独特的价值主张，同时识别目标用户，比奥森团队与参与农业价值链各个阶段的市场中的关键人员进行了无数次深入访谈和会议。团队为每种潜在客户识别了痛点，并根据他们的需求强度进行排序，这些需求可以通过比奥森有效解决。2020年底，比奥森团队完成了对检测赭曲霉素的设备的最终测试，并且团队已经进行了设备的内部验证。团队还与农瑞森（Agroprosperis）和智农实验室（Agro Smart Lab）等农业公司一起测试了设备，成功验证其准确性。通过对霉菌毒素检测市场按类型、技术、样本和地区进行分析，确定了关键地区规模最大和发展最快的细分市场，从而找准市场中的有利机会。解决方案最终敲定后，公司计划在内部以及由国际公认的独立组织进行验证，如国际农业化学家协会（Association of Official Agricultural Chemists International）或美国联邦粮食检验局（FGIS）。在2021年上半年，比奥森团队继续与几家作物生产商共同测试一种市场化设备，并向测试版用户出售首批设备。

©比奥森公司

©比奥森公司

145

4

第四章

总结与建议

在过去3～5年里，农民乃至整个农业行业正越来越多地使用数字工具、数字产品及数字服务。这一趋势体现在欧洲和中亚地区"卓越数字农业——良好做法征集"活动所收到的大量申请材料上，也体现在申请者所涉及的众多主题和技术方面。数字工具的应用范围正在不断扩大，覆盖了整条供应链，无论是技能培养、精准农业、市场准入，还是减少食物浪费等方面均有涉及。

尖端技术正被应用于创建服务和开发应用程序。也有使用更为传统的数字解决方案的例子（例如社交媒体营销和虚拟游览的交互式网站），这表明在特定环境或情境中，迅速引入最新技术并非总是解决问题的唯一创新方式。越来越多企业和初创公司进入数字化领域，其中许多企业已涉猎此领域数十年，并通过集成最新技术不断改进其产品和服务。非政府组织和公共机构正推出数字化计划，而学术领域（尤其是在欧洲）受益于旨在推动农业数字化发展的综合性研究和创新项目。

最常用的新兴技术包括人工智能、大数据和数据库、物联网、农业机器人以及金融技术。一般而言，人工智能是指将计算机科学应用于数据集以解决问题。这项技术能够用于农业中，例如区分杂草和作物，或者识别异常的动物行为。该技术还支持机器人自主导航。人工智能基于数据处理，某些情况下会使用大数据，例如对于常用软件来说数据集太大，无法在合理时间内捕获、管理和处理数据。这也表明，收集数据（使用不同传感器设备）以及利用现有数据集（包括公开的公共部门数据和遥感卫星图像）是数字农业的关键。与此趋势密切相关的是，物联网（基于现有和不断发展的可互操作信息通信技术及嵌入式传感器的物理和虚拟互联事物）正在普及，同时支持不同设备和系统之间通信与数据传输的远程无线技术也在发展。

数字农业领域的另一个显著趋势是各类机器人的出现（及其商业应用）。申请者开发的许多自动化农业机械设备都用于杂草防除，这些通常是电子设备，也有许多设备尝试利用太阳能。自动化是此竞赛申请者重点关注的另一个领域，尤其是自动化灌溉以及半自动（例如照明）或全自动（包括垂直农业技术）温室系统。

近年来，无人机已成为热门话题，首次出现了以该技术为基础的具体服务。金融技术传播是最近的数字化趋势，这一趋势也可见于农业领域。金融技术是指能够改进金融服务交付和使用方式，并使其自动化的新方法。此外，良好做法反映了一个明显的总体趋势，即服务提供商通过移动设备尽可能多地开发应用程序。

诸如区块链（以数字方式透明化管理供应链）、游戏化（例如使学习和培训成为一种类似游戏的体验，从而激励并吸引用户）、聊天机器人（主要用于售后服务、路由请求以及信息传递）和增强现实（利用虚拟信息增强现实环境和现有服务）等技术和概念也开始扎根，展示了数字农业的潜力。

为充分利用这一潜力，应详细了解此类产品和服务开发人员面临的困难，能够针对可能的干预点为决策者提供有用信息及指导。此竞赛申请者提到的最典型的挑战可归纳为四个主题类别，本报告针对不同挑战提出相应建议，以帮助数字农业充分发挥其潜力。

1. 技术基础设施和数字化普及——与构建和运行数字工具、产品及服务相关的挑战

挑战主要包括：解决连接性及网络在农村地区覆盖不足的问题；确保农业数字设备能够适应恶劣环境（如物理冲击、磨损加剧、灰尘污染、高温和极端天气）；确保设备在电力供应不稳定的情况下正常运行，尤其是在难以频繁更换电池的地区；开发易于理解和操作、用户友好的应用程序和工具界面；以及将不同解决方案整合为单一服务或产品（因为实际应用通常需要结合多种新技术，且存在一定技术复杂性）。

建议

- 监管机构和决策者应识别并制定符合特定国家或地区电信市场特性的激励措施和支持政策，以促进农村宽带基础设施的建设。具体干预措施可包括放宽对社区网络运营商的监管要求，实施税收和关税优惠政策以吸引投资，提高政策透明度和商业环境的便利性，以及为尚未充分覆盖的市场提供免费的网络接入服务。
- 支持采用不同技术标准，促进综合服务发展和设备互联。政府作为技术使用者，也可以影响技术发展的方向和用户需求。
- 应与终端用户合作，投资开发适配当地语境、采用当地语言的农民友好型软件界面和服务（内容）。
- 在投资数字设备以增强其在恶劣环境下的适应性时，应采取可持续的方法，避免产生电子废物。

2. 政策和监管环境——影响政策、法规和农业创新生态系统运行的挑战

数字农业产品和服务的开发者和供应商经常指出，农业初创企业面临缺乏专门资助的问题。鉴于数字农业创新在社会和环境方面的重要作用，它们应当获得更多的直接支持。此外，农业创新生态系统中各利益相关者之间的沟通不足，可能会制约数字服务的发展。数据是数字农业的核心要素，但其有效利用可能受到多种障碍的影响，包括缺乏促进数据互操作性的法规、开放数据政

策不够全面、不同信息管理标准的应用程度不一以及数据所有权问题等。这些问题同样可能影响公共数据源的质量。

建议

- 政府可以通过制定、实施和持续监控农业战略，梳理和协调发展数字农业所需的各学科领域并推行连贯一致的政策，从而实现自身受益。制定清晰全面的战略可营造可预期的监管环境，确保法律法规契合实际。
- 决策者应启动针对数字农业初创企业和创业者的支持计划，创造符合社会和国家需求的有利条件。设计最适当的措施、架构和运行机制可能具有挑战性，但其是整个进程的核心环节。此外，还应考虑其他软性支持形式，如简化企业创建流程、税收优惠政策、补贴性融资、贷款、辅导及指导项目。
- 相关法律环境的创建和持续修订应参考全球挑战、框架及其他国家的应对措施，以简化跨国服务，提供并推动联合行动。
- 综合数据治理对于数字农业生态系统的顺畅运作至关重要，包括监管互操作性和实施及改进数据管理标准。政府应制定明确政策，规范公共行政数据的访问和再利用。法规还应涵盖数据所有权和数据保护问题。
- 创新与研发政策应包含鼓励知识转化与合作的举措，并促进不同主体间的沟通（如加强研究人员与开发者或农民与开发者的对话），以实现协同设计与共创。

3. 商业环境——扩大数字农业产品和服务的挑战

服务提供商面临的主要障碍之一是找到符合农民和服务提供商需求的商业模式。农业领域中的农民和农场的多样性对服务提供商构成重大挑战，因为不存在可适用于所有场景的"一刀切"解决方案和商业模式。众多数据相关问题中，农民数据的所有权和商业化是关键，缺乏相关法规可能对数字农业服务的普及产生负面影响。将不同产品和服务扩展至区域或全球层面是服务提供商面临的最大挑战，部分原因在于法规差异和语言障碍，也可能源于组织发展的必要性、物流挑战及文化因素。

建议

- 这一部分涉及数据隐私与所有权问题。条例和法规需确保农民数据受到保护，有助于建立其对于数字农业应用程序和服务的信任。
- 农业推广和咨询服务提供者作为农民（尤其是小农户）和服务提供商之间

的沟通桥梁，在促进其互惠关系方面发挥重要作用。

- 政府应支持农业初创企业进入区域和国际市场（例如，基于达成一致的法律环境，提供接触各种国际市场推广和营销方案的机会）。

4.人力资本——与农民的数字、技能、观念与态度相关的挑战，以及劳动力短缺问题

农民数字技能水平低下、缺乏数字基础设施和工具，是最常被提及的数字农业工具普及障碍。农民在采用新技术前，希望看到明确的效益证明，因此需解决如何明确投资回报的难题。此外，许多农民对快速变化的技术环境和新兴技术的优势了解不足，需要提高他们对这些技术的认知度。数字农业工具开发者还面临技术复杂性的重大挑战，因为难以衡量其服务和产品的具体效用，也难以进行测试。语言障碍也是获取服务的一个关键因素，产品本地化对于确保服务的普及至关重要。开发数字农业产品和服务需要广泛的专业技能，服务提供商在寻找具备特定技能的专家时经常遇到困难。

建议

- 确保各农民群体参与现有数字技能发展项目，并且在设计此类项目时，考虑到农民需求及不利因素（季节、农村地区交通不便等）。
- 审查各级农业教育及其他相关学科课程设置（包括公务员数字技能和数字农业知识拓展），保障农业相关教育包含数字技术应用相关知识。
- 促进和推广数字技术在农业领域传播。应优先考虑可以让农民直接获得实践经验并与服务提供商建立联系的形式（例如示范设施）。

除上述挑战以外，新冠疫情还对农业食品体系产生了破坏性影响，其中三个难题值得特别关注。

新冠疫情限制了组织面对面培训和现场演示的可能性。能力建设培训是数字农业工具促销的关键推动因素，但受到社交距离规定和疫情的影响，这在很大程度上变得不太可能实现。人际交往缺失，限制了开发人员和服务提供商与农民的对话机会，而农民恰恰是开发人员和服务提供商获取反馈的重要来源。

新冠疫情对生产能力和供应链造成了负面影响，导致各种数字产品和组件短缺。然而，新冠疫情也凸显了数字技术的优势和潜力。未来一段时期的首要任务是保持这一趋势，发展灵活且不断扩大的数字农业生态系统，以最佳之举应对眼前挑战并满足农民和社会需求。

新冠疫情极大改变了消费者的消费习惯，迫使消费者更多地在线购物，并更加关注饮食内容。这导致对能够将食品送到家门口的数字解决方案需求急剧增长，加快了积极解决食品损耗和浪费问题的相关行业发展。

结语

实现数字农业生态系统发展依然面临重大挑战。尽管近年来相关地区的主要连通性指标都在上升，但农村地区服务仍有所欠缺。展望未来，仍需采取行动加强数字技术在农业领域的可及性和可负担性。由于数字技术日趋复杂，特定地点和条件下农民尚未拥有持续获取最新信息的途径，以及使用信息和通信技术工具和服务的数字技能未能得到培养。

数字农业是一个充满活力的跨部门领域，需要采取整体化策略来创建该行业的创新生态系统。这可通过利用具有信息通信技术潜力国家和地区的数字农业战略来实现，这些挑战已纳入国际电联和粮农组织的核心优先事项。

国际电联欧洲区域倡议（ITU Regional Initiatives for Europe）和国际电联独联体区域倡议（ITU Regional Initiatives for CIS）由成员国共同设计，旨在满足各区域具体需求，上述各区域倡议可以促进农业技术的广泛有益应用，例如：

- 宽带基础设施、广播和频谱管理。
- 为所有人提供易获取、可负担的数字服务，以及数字技能提升机会，以确保数字包容性和可持续发展。
- 信息通信基础设施开发和监管，使城市和人类居住区具有包容性、安全性和韧性。
- 用以人为本的理念构建国家行政管理部门服务方式。
- 以信息和通信技术为中心的创新生态系统。
- 实施物联网技术的创新解决方案和合作伙伴关系，以及通过电信网络（包括4G、IMT-2020和下一代网络）互相作用，助力可持续发展。

国际电联欧洲和独联体区域办事处正与成员国所有利益相关方开展密切合作，助推数字化转型。为实现全球互联，为可持续发展创造条件，并在国家、区域和全球层面创造影响力，相关各方已开展了大量工作。

粮农组织欧洲和中亚区域办事处的工作计划遵循粮农组织愿景，即在《2030年可持续发展议程》的背景下，实现人人享有可持续发展和粮食安全的世界。粮农组织围绕四个愿景开展工作：更好生产、更好营养、更好环境和更好生活。此外，粮农组织还在其所有计划性干预措施中采用了三种跨领域"加速器"：技术、创新、数据。这些"加速器"与数字化紧密相连，并得到治理、人力资本和制度支持。

通过具体案例和解决方案，提高人们对农业数字化转型潜力的认识，是粮农组织在该地区工作计划的一部分。粮农组织旨在通过"数字乡村倡议"，城乡联动，将农村地区融入数字经济，更好解决粮食安全和营养不良问题。促进农村社区采用良好做法，通过数字创新振兴农村服务，是乡村数字化转型的重要组成部分。

通过本次区域性竞赛征集良好做法和创新解决方案知识库，不应仅停留在报告中，而应扩大规模供所有利益相关者实际应用和推广。作为卓越数字农业竞赛的后续行动，粮农组织将在其"手拉手"地理空间平台上绘制获奖实践地图，创建一个动态的良好做法和创新解决方案库，推进欧洲和中亚地区农业粮食体系和农村社区的可持续转型。

为使数字技术惠及小农户和家庭农场主，需对其开展严谨周密的组织活动。借助规模经济，可使这些技术变得平价可承受且高效。新冠疫情期间，能源危机和电子元件的缺乏也揭示了新技术应以可持续方式设计。创新应基于再利用、再循环和维修原则。

这促使粮农组织基于此竞赛的几个类别开展研究，即食品损失和浪费以及农业价值和供应链。

在欧洲和中亚地区推进数字农业，需要该领域所有参与者协同努力以应对挑战，并制定相应解决方案。粮农组织和国际电联致力于进一步加强合作，并在区域和国家层面实施各项倡议，旨在利用信息通信技术的潜力，打造具有可持续性和韧性的粮食体系。

REFERENCES |参考文献|

ITU (International Telecommunication Union) & FAO (Food and Agriculture Organization of the United Nations). 2020. *Status of Digital Agriculture in 18 countries of Europe and Central Asia.*Geneva, Switzerland. www.fao.org/publications/card/en/c/CA9578EN.

European Commission. 2022. Open data. The European Commission's policies focus on generating value for the economy and society through the reuse of public sector information. In: *European Commission. Shaping Europe's digital future.* Cited 4 July 2022. https://digital-strategy.ec.europa.eu/en/policies/open-data.

图书在版编目（CIP）数据

卓越数字农业报告：粮农组织与国际电联促进欧洲和中亚数字农业良好做法区域竞赛 / 联合国粮食及农业组织，国际电信联盟编著；曹海军，肖纯译． -- 北京：中国农业出版社，2025．6． --（FAO中文出版计划项目丛书）． -- ISBN 978-7-109-33001-6

Ⅰ．F303-39

中国国家版本馆CIP数据核字第20259YX894号

著作权合同登记号：图字 01-2024-6557 号

卓越数字农业报告
ZHUOYUE SHUZI NONGYE BAOGAO

中国农业出版社出版

地址：北京市朝阳区麦子店街18号楼
邮编：100125
责任编辑：郑　君　　文字编辑：王禹佳
版式设计：王　晨　　责任校对：吴丽婷
印刷：北京通州皇家印刷厂
版次：2025年6月第1版
印次：2025年6月北京第1次印刷
发行：新华书店北京发行所
开本：700mm×1000mm　1/16
印张：10.25
字数：195千字
定价：89.00元